BASIC

CHINESE

VOCABULARY

A Handy Reference of Everyday Words Arranged by Topics

Edited by Jerome P. Hu and Stephen C. Lee

PASSPORT BOOKS

NTC/Contemporary Publishing Group

This edition first published in 1992 by Passport Books,
a division of NTC/Contemporary Publishing Group, Inc.,
4255 West Touhy Avenue,
Lincolnwood (Chicago), Illinois 60712-1975 U.S.A.
Originally published by Longman Cheshire Pty. Ltd.
© 1989 Longman Cheshire Pty. Ltd.
Manufactured in the United States of America.
International Standard Book Number: 0-8442-8527-7

0 1 2 3 4 5 6 7 8 9 VP 9 8 7

PREFACE

This publication grew out of the *Basic Vocabulary List of Standard Chinese* prepared by teachers of Chinese at secondary schools and universities and is a very useful reference for all students of Chinese.

Apart from the main text, the present edition contains three index-cum-glossary appendices. The main text has been arranged under the 19 categories listed in the Table of Contents. Basic words considered necessary for communication in Standard Chinese have been given in Pinyin after their corresponding English expressions. Appendix 1 is an English to Chinese Glossary, which, arranged alphabetically, contains all English expressions in the main text, with each item followed by its Chinese counterpart in both Pinyin and characters. Appendix 2 is a Chinese to English Glossary, which lists all Chinese expressions in this work, each with its English meaning and location in the main text. Appendix 3 is a Selected School Vocabulary, which lists words and expressions of particular interest to students in language classes.

For the present edition, we have adopted the following practices:

1. The tonal change of bù ('not') to bú where necessary has been shown in the transcription while yī ('one') is allowed to occur in its basic tone or in its second or fourth tone. A third tone before another third tone is kept in its original form.

2. When more than one tonal form is acceptable for a word, we usually adopt only one of them, especially when the difference is between the neutral tone and one of the emphatic tones. (We consider the difference is of-

ten a matter of style and therefore we occasionally allow both forms to occur under different sections.) The two dictionaries we consulted most frequently to decide this matter are *A Chinese-English Dictionary* (complied by the Peking Institute of Foreign Languages) and *Guoyu Ribao Cidian* (published by the Mandarin Daily in Taipei).

3. Because of the wide areas in which Standard Chinese is spoken, it is sometimes very difficult to decide which form of a lexical item is more acceptable or more widely used. In such instances, the tendency is to list more than one form. It is possible, therefore, that in some cases a Chinese expression listed in this work may not be regarded as being as 'standard' as another.

NOTES ON PRONUNCIATION

The Chinese language is traditionally written in thousands of different characters, which come under about four hundred items (or syllables) when we transcribe them into Pinyin, the Romanization system we have adopted (English contains more than eight thousand different syllables). Below are descriptions of some essential phonemic features of Modern Standard Chinese and the usage of the Pinyin alphabet and symbols.

The syllabic structure of Chinese is simple. Its nucleus consists of a vowel or a vowel cluster and a tone, and there may be a consonant before the vowel or a consonant (either -*n* or -*ng*) after the vowel. For example, in *fĕn* the letters *f*, *e*, *n* represent the initial consonant, the vowel and the final consonant respectively, while ˘ above the middle letter marks the tone.

There are four basic tones in Mandarin Chinese. The first tone, marked ¯ above the vowel as in *mā* 'mother', is spoken with a high-level pitch. It starts near the top of a speaker's voice range and continues on that level until the end. The second tone, marked ´ as in *má* 'hemp', is spoken with a rising pitch. It starts at mid-range and rises rapidly to the top of the range. The third tone, marked ˘ as in *mă* 'horse', is spoken with a low-dipping pitch. It starts below mid-range, dips to the lowest pitch, and often rises above mid-range. The fourth tone, marked ` as in *mà* 'to scold', is spoken with a high-falling pitch. It starts near the top of the range and falls very rapidly. There is also a neutral tone, unmarked in this work, which is usually unstressed, and spoken with a lax middle pitch.

Key to Chinese Phonetic Alphabet

a	as in *fah*
ai	as in *aisle*
an	as in *land*
ang	*a* as in *fah* and *ng* as in *sing*
ao	like the *au*'s in *sauerkraut*
b-	like the *p* in *spay*, or akin to *b* in *bay*
c-	like *t's-h* in *it's hell*, but with more breath
ch-	like the *ch-h* in *teach him*, but with the tongue tip curled far back and with more breath
d-	like the *t* in *stay*, or akin to *d* in *day*
e	like British *err*, but spoken with tenser muscle
ei	as in *eight*
en	as in *end*, sometimes like *un* in *unfit*
eng	as in *length*, sometimes like *ung* in *lung*
er	like American *err*, but spoken with tenser muscle
f-	as in *fool*
g-	like the *k* in *skate*, or akin to *g* in *gate*
h-	as in *hay*
i	as in *machine*
-i	(after z-, c-, s-, zh-, ch-, sh-, r-) a vowel produced by keeping the manner for the preceding consonant
ia	= i + a (like *Yah* in *Yahweh*)
ian	= i + en (like *yen*)
iang	= i + ang
iao	= i + ao (like *yow* in *yowl*)
ie	= i + e (like *yea*)
in	like *in*
ing	as in *sing*
iong	= i +ong
iu	= i + (o)u (like *you* or *yo* in *yo-ho*)
j-	like *tçh* in *itching*, or akin to *j* in *jeep*
k-	as in *kerb*, but with a stronger aspiration
l-	as in *let*
m-	as in *may*

n̂	as in *net* or in *pin*
-ng	as in *sing* (also forming a few independent exclamations)
ong	like *oo* in *hood* and *ng* in *sing*
ou	as in *soul*
p-	as in *put*, but with a stronger aspiration
q-	like *ch* in *cheap*, but with more breath
r-	like the *r* in *crew*, but with the tongue tip curled far back
-r	a weak form of *er* (many Southerners speak Chinese without this suffix)
s-	as in *see*
sh-	like the *sh* in *shoe*, but with the tongue tip curled far back
t-	as in *turn*, but with stronger aspiration
u	as in *rule*, but with more lip-rounding
ü	(= yu): made by producing the *i* of *machine* with the lips rounded as for the *oo* of *ooze* (written as u after j, q, x, y)
ua	= u + a (like *wa* in *wahoo*)
uai	= u + ai (like *Wye*)
uan	= u + an (or ü + an after j, q, x, y)
uang	= u + ang
üe	= ü + e
ui	= u + ei (like *weigh*)
un	= u + n
uo	= u + o (like *woe*)
w-	as in *wool*
x-	like *sh* in *she*
y-	as in *yean*
z-	like *t's* in *it's ours*, or akin to *ds* in *beds*
zh-	like *j* in *just*, but with the tongue tip curled far back

Abbreviations Used in This Dictionary

adj.	adjective
C.A.A.C.	General Administration of Civil Aviation of China
P.L.A.	People's Liberation Army
P.R.C.	People's Republic of China
RMB	Currency (Rénmínbi)
U.M.	Unit measure (like English collective nouns)

CONTENTS

1 Nature

1.1 Sky

air	kōngqì
bright; light	liàng
(it's become) dark	tiān hēile
day break	tiānliàng(le)
moon	yuè(liàng)
sky	tiān(kōng)
star	xīng(xing)
sun	tàiyáng
sunshine	yángguāng

1.2 Land

bay	(hǎi)wān
continent	(dà)zhōu
desert	shāmò
earth; land	(tǔ)dì
hill	(xiǎo)shān
island	(hǎi)dǎo
mainland	dàlù
(high) mountain	gāoshān; dàshān
soil	(ní)tǔ
stone	shí(tou)

1.3 Water

beach	shātān; hǎitān
flow, to	liú(dòng)
lake	hú
ocean	(hǎi)yáng
pond	chízi
river	hé
sea	hǎi
seashore	hǎibiān; hǎibīn
water	shuǐ
wave	làng

1.4 Natural disasters

ambulance	jiùhùchē
blowing a typhoon	guā táifēng
burn; on fire	shāo
catch fire, to	zháohuǒ
cause, to	yǐnqǐ
danger(ous)	wēixiǎn
disaster	zāinàn
drought	hànzāi
earthquake	dìzhèn
fire, a	huǒzāi
fire	huǒ
fire engine	jiùhuǒchē
flood	shuǐzāi
happen, to	fāshēng
injured, be	shòushāng
natural; nature	tiānrán; zìrán
suffer, to	shòu kǔ

typhoon	táifēng
unexpected, the	yìwài

1.5 Climate

blow, to	chuī
clear	qíng
climate	qìhòu
cloud	yún
(to become) cloudy	biàn yīntiān; zhuǎn duō yún
cloudy; overcast	yīn(tiān)
cold	lěng
cool	liáng(kuai)
degrees	-dù
drizzle	máomáoyǔ; xiǎoyǔ
fog; mist	wù
hail	báo(zi)
hail, to	xiàbáo(zi)
hot	rè
lightning	shǎndiàn
rain	yǔ
rain, to	xiàyǔ
rainy season	yǔjì
rapidly changeable	biànhuàde hěn kuài
snow	xuě
snow, to	xiàxuě
storm	dàfēngyǔ; fēngbào
sultry	mēnrè
temperature	wēndù
thermometer	wēndùbiǎo
thunder	léi

thunder, to	dǎléi
warm	nuǎn(huo)
weather	tiānqì
weatherman	qìxiàngyuán
weather report	tiānqì yùbào
wet	shī
wind	fēng
windy	guāfēng

1.6 Seasons

autumn	qiūtiān
four seasons, the	sìjì
season	jì; jìjié
spring	chūntiān
summer	xiàtiān
winter	dōngtiān

1.7 Plants

alive	huózhe
bamboo	zhúzi
botanical gardens	zhíwùyuán
branches	(shù)zhī
chrysanthemum	júhuā
dead	sǐle
eucalyptus	yóujiālìshù; ānshù
flower	huā(r)
flowers U.M.	duǒ
forest	shùlín
grass	cǎo

lawn	cǎodì
leaf	(shù)yè
orchid	lánhuā
pinetree	sōngshù
plant, to	zhòng
plants	zhíwù
plum blossom	méihuā
root	gēn
rose	méigui
seeds	zhǒngzǐ
tree	shù
trees U.M.	kē

1.8 Animals (General)

animal	dòngwù
animals U.M.	zhī
bark; cry; call	jiào
female (of animals)	mǔ-
fly, to	fēi
fur	máopí
heads of animals	tóu
male (of animals)	gōng-
pets	chǒngwù
(to) rear; to raise (animals)	yǎng
run, to	pǎo
skin; leather	pí
(to) sting; to bite	yǎo
walk the dog, to	dài gǒu sànbù; liù gǒu
wild animals	yěshòu
zoo	dòngwùyuán

1.9 Animals (Specific)

ant	mǎyǐ
bear	xióng
bee	mìfēng
bird	niǎo
butterfly	húdié
cat	māo
chicken	jī
cow	niú
deer; stag	lù
dog	gǒu
donkey	lǘ(zi)
duck	yā(zi)
elephant	xiàng
fish	yú
flies	cāngyíng
fox	húli
giraffe	chángjǐnglù
goldfish	jīnyú
horse	mǎ
insect	chóng(zi)
kangaroo	dàishǔ
koala	shùxióng
lion	shīzi
monkey	hóuzi
mosquito	wénzi
panda	xióngmāo
pig	zhū
pigeon	gēzi
rabbit	tùzi
rat; mouse	lǎoshǔ
sheep	yáng

tiger   lǎohǔ
worm   páchóng

2 People

2.1 People

adult	dàrén
baby	yīng'ér; wáwa
boy	nánháizi
child	(xiǎo)háizi
fat person	pàngzi
girl	nǚháizi
human-being; man	rén
man	nánrén; nánde
middle-aged person	zhōngnián rén
old people	lǎorén
woman	nǚrén; nǚde
young person	niánqīngrén

2.2 Parts of the Body

abdomen	dùzi
arm	gēbo; gēbei
back	bèi
beard; moustache	húzi
blond hair	jīn(tóu)fà
blood	xuè; xiě
body	shēntǐ
bone	gútou; gǔtou
brain	nǎozi
buttocks	pìgu

chest; breast	xiōng(bù)
ear	ěrduo
eye	yǎnjing
eye-brow	méimáo
face	liǎn
fat; plump	pàng
finger	shǒuzhǐ
flesh	ròu
foot	jiǎo
frame (of a person)	gèzi
(to) grow; to develop	zhǎng
hair (body)	máo
hair (head)	tóufa
hand	shǒu
head	tóu
heart; mind	xīn
leg	tuǐ
lose weight, to	shòule
lung	fèi(bù)
menstrual cycle	yuèjīng
mouth	kǒu; zuǐ(ba)
muscle	jīròu
nail	zhǐjia
neck	jǐngzi; bózi
nerve	shénjīng
nose	bízi
penis	yīnjīng
physique	tǐgé
pubic hair	yīnmáo
put on weight, to	pàngle
short	ǎi
shoulder	jiānbǎng

skin	pí
stomach	wèi; dùzi
tall	gāo
teeth	yá(chǐ)
testis	gāowán
thigh	dàtuǐ
thin; skinny	shòu
throat	hóulóng
toe	jiǎozhǐ
tongue	shétou
vagina	yīndào
waist	yāo(bù)

2.3 Life Cycle

alive, be	huózhe
birthday	shēngrì
(be) born; to give birth	shēng
bury, to	mái(zàng)
dead	sǐle
die, to	sǐ
divorced, be	líhūn
married, be	jiéhūn
old age	lǎonián
sexual intercourse	xìngjiāo
young	niánqīng

2.4 Daily Cycle

asleep	shuìzháo
day dream	báirìmèng
dream, to	zuòmèng

get up (from bed), to	qǐlai; qǐchuáng
go to bed, to	shàngchuáng
go to sleep, to	shuìjiào
lie down, to	tǎng
sleepy	kùn
tired	lèi
unable to get to sleep	shuìbuzháo
wake up, to	xǐng

2.5 Personal hygiene

brush teeth, to	shuāyá
cold water	lěngshuǐ
comb one's hair, to	shūtóu
defecate, to	dàbiàn
go to the toilet, to	shàng cèsuǒ
have a bath or shower, to	xǐzǎo
hot water	rèshuǐ
hygiene; hygienic	wèishēng
shampoo one's hair, to	xǐtóu
shave, to	guā húzi
shower, to	línyù
soap	féizào
toilet paper	cǎozhǐ; wèishēngzhǐ
toothbrush	yáshuā
toothpaste	yágāo
towel	máojīn
urinate, to	xiǎobiàn
warm water	wēnshuǐ
wash, to	xǐ
wash one's face, to	xǐliǎn
(to) wipe; to dry	cā gān

2.6 Health and Sickness

blood pressure	xuèyā
catch a cold, to	zháoliáng
consult a doctor, to	kànbìng; kàn yīshēng
cough	késou
diarrhoea	lādùzi
feel, to	juéde
have a cold, to	gǎnmào; zháoliáng
have a fever, to	fāshāo
headache	tóuténg
health	jiànkāng
healthy	shēntǐ hǎo
influenza	liúxíngxìng gǎnmào
in good spirits	jīngshén hǎo
injured, be	shòushāng
pain	tòng; téng
prescription	yàofāng
sick, be	yǒubìng; bìngle
sickness; illness	bìng
sore throat	hóulóng téng
(body) temperature	tǐwēn
unwell; uncomfortable	bùshūfu
well again, be	hǎole

2.7 Doctor and Medicine

acupuncture	zhēnjiǔ
Chinese medicine	Zhōngyī
clinic	zhěnliáosuǒ
dentist	yáyī
doctor; physician	yīshēng; dàifu

fracture (of a bone)	gǔzhé
hospital	yīyuàn
injection	dǎ zhēn
internal medicine	nèikē
medicine	yào
nurse	hùshi
patient	bìngrén
pharmacy	yàofáng
pill	yàowánr
sleeping pill	ānmián yào
surgery	wàikē
take medicine, to	chī yào
undergo an operation, to	dòng shǒushù
ward	bìngfáng
Western medicine	xīyī

2.8 Emotions

admire, to	xiànmù
angry, be	shēngqì
annoying; irritating	tǎoyàn
bored	mèn
careful	xiǎoxīn
cry (with tears), to	kū
disappointed	shīwàng
embarrassed	bùhǎo yìsi
excited	xīngfèn
exhausting; hard	xīnkǔ
fearful; terrible	kěpà
feel, to	juéde
funny	hǎoxiào
happy	gāoxìng; kuàilè

(to) hope; to wish	xīwàng
intention; purpose	yòngyì; mùdì
jealous, be	jìdù
laugh, to	xiào
lonely	jìmò; jímò
long for, to	hěn xiǎngniàn
lose one's temper, to	fā píqi
nervous; excited	jǐnzhāng
(to) pity; pitiable	kělián
regret (after event)	hòuhuǐ
regrettable	kěxī
relieved, be	fàngxīn
sad	bēiāi
sad (hard to bear)	nánguo
startled	xià yítiào
(to) take care; to look out	dāngxīn
temper	xìngzi; píqi
temperament	xìngqíng
unexpected	méixiǎngdào
worried	fánnǎo; zháojí

2.9 Evaluation and Attitudes

as one pleases	suíbiàn
at a loss; can't help	méifázi; méibànfǎ
bad	huài
(to) boast; to exaggerate	kuādà
boring; uninteresting	méi yìsi
comfortable; at ease	shūfu
convenient; handy	fāngbiàn
enthusiastic about; interested in	duì...yǒu xìngqu

forgive, to	yuánliàng; ráoshù
good; well	hǎo
hate, to	hèn
interesting	yǒu yìsi
like, to	xǐhuan
love	ài
loveable	kěài
(good) luck	(hǎo) yùnqì
luckily	xìngkuī
ought to	yīngdāng; yīnggāi
out of luck; have bad luck	dǎoméi
(to) praise; to commend	biǎoyáng
(to) praise; to flatter	kuājiǎng
that's all right; it's nothing	méishénme
too bad; how terrible	zāogāo
trouble; bothersome	máfan
unimportant; doesn't matter	méiguānxi
wonderful	hǎo jíle
(to) yield to	(duì...) ràngbù

2.10 Perception (sight and sound)

able to hear	tīngdejiàn
able to see; visible	kàndejiàn
acquainted with (a person), be	rènshi
clear, be	qīngchu
clear about, be	míngbai
consider; be of the opinion	yǐwéi; rènwéi
did not hear; have not heard	méitīngjiàn
did not see; have not seen	méikànjiàn
(to) have heard; did hear	tīngjiànle
hear but not understand, to	tīngbudǒng

(to) hear; to listen; to obey	tīng
know about, to	zhīdao; xiǎode
(to) look; to watch; to read	kàn
read but not understand, to	kànbudǒng
saw; to have seen	kànjiànle
think, to	xiǎng
unable to hear	tīngbujiàn
unable to hear clearly	tīngbuqīngchu
unable to see (vision blocked)	kànbujiàn
understand, to	dǒng

2.11 Character and capability

arrogant	àomàn; jiāo'ào
capable	nénggàn
careful	xiǎoxīn
careless	dàyì
clever; intelligent	cōngming
conscientious; serious	rènzhēn
especial; especially	tèbié
forceful	yǒulì
friendly	yǒuhǎo
gentle; sociable	héqì
(to) get used to; custom; habit	xíguàn
good at...	hěn huì...
hard working	nǔlì
(he is) kind	(tāde) xīn hǎo; (tā) rén hǎo
kind to	duì...hǎo
lazy	lǎn
lively; vivacious	huópo
loveable	kěài

methodical(ly)	yǒutiáoyǒulǐ(de)
mischievous; naughty	táoqì; tiáopí
patient	(yǒu)nàixīn; (néng)rěnnài
reasonable	yǒu(dào)lǐ
reliable	kěkào
shifty; untrustworthy	huátou
shrewd; sharp	jīng
shy	pàxiū; hàixiū
single minded	zhuānxīn
spoilt	chǒnghuàile
stern; dignified; serious	yánsù
straightforward; honest	lǎoshí
strict; rigorous	yán'gé
studious	yònggōng; nǔlì
stupid	bèn
warm-hearted	rèqíng
well-behaved; obedient	guāi; tīnghuà

2.12 Family and relatives

ancestor	zǔxiān
aunt (father's older brother's wife) (also polite address to friend's mother)	bómǔ
aunt (father's younger brother's wife)	shěnmǔ
aunt (general polite address to adult women by children)	āyí
brother (older)	gēge
brothers (general - older and younger)	xiōngdì

brother (younger)	dìdi
dad	bàba
daughter	nǚér
family (members)	jiā(shǔ)
family name; surname	xìng
father	fùqin
full name	xìngmíng
(one) generation	yídài
given name; first name	míngzi
granddaughter	sūnnǚér
grandfather (maternal)	wàizǔfù
grandfather (paternal)	zǔfù
grandmother (maternal)	wàizǔmǔ
grandmother (paternal)	zǔmǔ
grandpa	yéye
grandson	sūnzi
husband	zhàngfu; xiānsheng
husband and wife	fūqī; fūfù
husband or wife (P.R.C.)	àiren
mother	mǔqin
mum	māma
parents	fùmǔ; bàbamāma (informal)
relative	qīnqī
sister (older)	jiějie
sisters (general - younger and older)	jiěmèi
sister (younger)	mèimei
son	érzi
step-father	jìfù
step-mother	jìmǔ
twin brothers	shuāngshēngxiōngdì
twins	shuāngshēngzǐ

twin sisters	shuāngshēngjiěmèi
uncle (father's older brother)	bófù; bóbo
uncle (father's younger brother)	shūshu
uncle (general polite address to friend's father or to adult man by child)	shūshu; bóbo
wife	qīzi; tàitai

2.13 Pronouns

a certain (person etc.)	mǒu
everyone	dàjiā; rénrén
he; him; she; her	tā
I; me	wǒ
it	tā
oneself; -self	zìjǐ
other person(s)	biérén; rénjia
they; them	tāmen
we; us	wǒmen
who; whom	shéi; shuí
you (plural)	nǐmen
you (singular)	nǐ
you (singular - polite form)	nín

2.14 Occupations - Titles

accountant	kuàijì(yuán)
actor; actress	yǎnyuán
address (someone), to	jiào
announcer	bōyīnyuán
architect	jiànzhùshī

artist; painter	huàjiā; yìshùjiā
attendant	fúwùyuán
baker	miànbāoshī
barber	lǐfàshī
bricklayer; tiler	zhuānjiàng; níshuǐgōng
builder; building worker	jiànzhùgōng(rén)
building contractor	yíngzàoshāng
business (wo)man	shāngrén
cadre (high level cadre)	gànbù (gāojí gànbù)
cashier	chū'nàyuán
chartered accountant	kuàijìshī
civil servant	gōngwùyuán
clerk; staffer	zhíyuán
computer specialist	diànnǎo zhuānjiā
comrade	tóngzhì
conductor; ticket seller	shòupiàoyuán
cook	chúshī; chúzi
dentist	yáyī
diplomat	wàijiāoguān
doctor (medical)	yīshēng; dàifu
doctor (Ph.D)	bóshì
driver (taxis, trucks, buses)	sījī
editor	biānjí
electrician	diànjìshī; diàngōng
engineer	gōngchéngshī
factory manager	chǎngzhǎng
farmer	nóngrén
fireman	xiāofáng(rén)yuán
fisherman	yúfū
foreman	gōngtóu; lǐngbān
gardener	yuándīng; huājiàng
guide	xiàngdǎo; péitóng

hairdresser	lǐfàshī; měiróngshī
handyman	zágōng; shǒuqiǎoderén
housewife	jiātíngzhǔfù; jiātíngfùnǚ
intellectual	zhīshifènzǐ
journalist	jìzhě
judge	fǎguān
lawyer	lùshī
lecturer	jiǎngshī
librarian	túshūguǎn(guǎnlǐ)yuán
manager	jīnglǐ
mechanic; machinist	jīxièshī; jìgōng
miner	kuànggōng
musician	yīnyuèjiā
nurse	hùshì
occupation; profession	zhíyè
peasant	nóngmín
photographer; cameraman	shèyǐng(shī)
pilot (aircraft)	fēixíngyuán
pilot (harbour)	lǐnggǎngyuán
police(wo)man	jǐngchá
politician	zhèngzhìjiā; zhèngkè
porter	bānyùngōng(rén)
post office worker	yóujúyuán
post(wo)man	yóuchāi
printer	yìnshuāgōng(rén); yìnshuāshāng
professor	jiàoshòu
publisher	chūbǎnrén; chūbǎnjiā
reporter	jìzhě
researcher	yánjiūyuán
retired	tuìxiū
sailor	shuǐshǒu; hǎiyuán
salesman (door to door)	tuīxiāoyuán

salesperson; shop assistant	diànyuán; shòuhuòyuán; fúwùyuán
scientist	kēxuéjiā
secretary (office)	mìshū
secretary (of the Party)	shūjì
shopkeeper	diànzhǔ
singer.	gēshǒu; gēchàngjiā
soldier; P.L.A. soldier	jūnrén; Jiěfàngjūn shìbīng
surgeon	wàikēyīshēng
switchboard operator	diànhuàjiēxiànshēng
tailor	cáiféng
teacher	lǎoshī; jiàoshī; jiàoyuán
technician	jìshù(rén)yuán
ticket seller	shòupiàoyuán
translator; interpreter	fānyì
treasurer	cáizhèngbùzhǎng; cáiwù
typist	dǎzìyuán
unemployed	dàiyè; shīyè
work as..., to	dāng...
worker; labourer	gōngrén
writer	zuòjiā

2.15 Common forms of address

madam	nǚshì; fūren
Miss	xiǎojie
Mr	xiānsheng
Mrs	tàitai
old chap; old pal	lǎoxiōng (lit. old brother)
old (followed by surname - used more in P.R.C.)	lǎo
young (followed by surname - used more in P.R.C.)	xiǎo

3 China

3.1 China - general

Beijing opera	jīngjù
chairman	zhǔxí
China	Zhōngguó
Chinatown	Tángrénjiē
Chinese (people)	Zhōngguórén
Communist (adj.)	gòngchǎn
Communist Party	Gòngchǎndǎng
Communist Party member	Gòngchǎn dǎngyuán
comrade	tóngzhì
Dragonboat Festival	Duānwǔ jié
four modernizations, the	sìhuà
Lantern Festival, the	Dēngjié
masses, the	qúnzhòng
Mid-Autumn Festival	Zhōngqiūjié
National Day	Guóqìngrì
Nationalist Party	Guómíndǎng
overseas Chinese	huáqiáo
Peking Languages Institute	Běijīng Yǔyán Xuéyuàn
People's Daily, the	Rénmín Rìbào
People's Liberation Army (and its members)	jiěfàngjūn
People's Republic of China, the	Zhōnghuá Rénmín Gònghéguó
president	zǒngtǒng
Republic of China, the	Zhōnghuá Mínguó

Spring Festival; Chinese　　　Chūnjié; Zhōngguó
　　New Year　　　　　　　　　xīnnián
traditional Chinese shadow　　tàijíquán
　　boxing

3.2 China - tourism

Beihai Park　　　　　　　　　Běihǎi gōngyuán
C.A.A.C (General　　　　　　　Zhōngguó Mínháng
　　Administration of Civil
　　Aviation of China)
Chinese Currency (RMB)　　　rénmínbì
China Travel Service　　　　　lǚxíngshè
　　(C.I.T.S.)
commune　　　　　　　　　　gōngshè
Foreign Exchange Certificates　wàihuìquàn
Friendship store　　　　　　　yǒuyìshāngdiàn
Gate of Heavenly Peace;　　　Tiānānmén (guǎngchǎng)
　　Tiananmen (Square)
Great Hall of the People, the　Rénmín Dàhuìtáng
Great Wall　　　　　　　　　(Wànlǐ) Chángchéng
Imperial Palace;　　　　　　　Gùgōng
　　Forbidden City
Mao Zedong's Mausoleum　　Máo Zédōng Jìniàntáng
Ming Tombs　　　　　　　　　Shísānlíng; Mínglíng
Monument to the People's　　Rénmín Yīngxióng
　　Heroes　　　　　　　　　　Jìniànbēi
pagoda　　　　　　　　　　　tǎ
pavilion　　　　　　　　　　　tíngzi
Seventeen Arch Bridge　　　　Shíqīkǒngqiáo
Summer Palace　　　　　　　Yíhéyuán
temple　　　　　　　　　　　miào; sìmiào

| Temple of Heaven | Tiāntán |

3.3 Chinese language

calligraphy	shūfǎ
Cantonese	Guǎngdōnghuà
characters	Hànzì
Chinese language	Zhōngwén
Chinese language (spoken)	Zhōngguóhuà
complex characters	fántǐzì
dialect	fāngyán
first tone	dìyī shēng
fourth tone	dìsì shēng
neutral tone	qīngshēng
radical	bùshǒu
second tone	dìèr shēng
simplified characters	jiǎntǐzì
Standard Chinese (Mandarin)	pǔtōnghuà; guóyǔ; Hànyǔ
stroke (of a character)	bǐhuà
third tone	dìsān shēng
tone	shēng(diào)
which tone ?	dìjǐshēng

3.4 Geography of China

autonomous region	zìzhìqū
capital	shǒudū
cities	chéng(shì)
counties	xiàn
East China Sea	Dōng Hǎi
Hong Kong	Xiānggǎng
Macau	Àomén

province	shěng
provincial capital	shěnghuì
South China Sea	Nán Hǎi
Yangtze River	Chángjiāng; Yángzǐjiāng
Yellow River	Huánghé
Yellow Sea	Huáng Hǎi

PROVINCES	CAPITALS
Ānhuī	Héféi
Fújiàn	Fúzhōu
Gānsù	Lánzhōu
Guǎngdōng	Guǎngzhōu
Guìzhōu	Guìyáng
Héběi	Shíjiāzhuāng
Hénán	Zhèngzhōu
Hēilóngjiāng	Hā'ěrbīn
Húběi	Wǔhàn
Húnán	Chángshā
Jílín	Chángchūn
Jiāngsū	Nánjīng
Jiāngxī	Nánchāng
Liáoníng	Shěnyáng
Qīnghǎi	Xīníng
Shāndōng	Jǐ'nán
Shǎnxī (Shaanxi)	Xī'ān
Shānxī	Tàiyuán
Sìchuān	Chéngdū
Táiwān	Táiběi
Yúnnán	Kūnmíng
Zhèjiāng	Hángzhōu

AUTONOMOUS REGIONS   CAPITALS

AUTONOMOUS REGIONS	CAPITALS
Guǎngxī Zhuàng	Nánníng
Nèi Měnggǔ	Hūhéhàotè
Níngxià Huí	Yínchuān
Xīzàng (Tibet)	Lāsā
Xīnjiāng Wéiwú'ěr	Wūlǔmùqí

MUNICIPALITIES

Běijīng
Shànghǎi
Tiānjīn

3.5 History of China

Ching (Manchu) Dynasty	Qīngcháo
Cultural Revolution	Wénhuà Dàgémìng
dynasty	cháo(dài)
emperor	huángdì
Gang of Four	Sìrénbāng
Han Dynasty	Hàncháo
historical period	shídài
liberation	jiěfàng
Long March	Chángzhēng
Ming Dynasty	Míngcháo
republic	gònghéguó
revolution	gémìng
Sung Dynasty	Sòngcháo
Tang Dynasty	Tángcháo
Yuan (Mongol) Dynasty	Yuáncháo

4 Social Conventions

4.1 Basic Greetings

good day; hello; how do you do ?	nín hǎo (formal); nǐ hǎo
good evening; good night	wǎn'ān
good morning	zǎo'ān; nǐ/nín zǎo
haven't seen you for ages	hǎo jiǔ bújiàn
Have you eaten yet? (="hello", said around mealtimes)	chīguole ma? chīguole méiyou?
How are you?	nǐ/nín hǎo (ma)?

4.2 Some convenient expressions

as you wish	suí (nǐde) biàn
cheers! bottoms up!	gānbēi
congratulations	gōngxǐ
I don't deserve it (after compliment)	bùgǎndāng
I have troubled you	dǎjiǎo (nǐ) le; máfan nǐ le
Is it all right? Is it fine?	kěyǐ ma?
may I ask; excuse me (followed by a question)	qǐngwèn; láojià
May I help you?	wǒ kěyǐ bāng (nǐde)máng ma?
may I trouble you to...	máfan nǐ...
never mind; that's all right	méiguānxi
no (incorrect)	búduì

no more (not wanting more)	búyàole
no problem	méiwèntí
not at all; you flatter me !	nǎli(nǎli)
O.K. fine; I will	hǎode
Please come in!	qǐng jìn
Please suit yourself	qǐng biàn
so-so	mǎmǎhūhū
take a seat	zuò ba; qǐng zuò
thanks	xièxie
thank you	xièxie nǐ/nín
toast	(xiàng...)jìngjiǔ
wait a moment	děngyixià; děng(yi)děng
what happened?	zěnme huí shì ?
yes (correct)	duì; duìle

4.3 Thanks - Apologies - Politeness

don't mention it! There's no need to be polite	bié kèqi; bú(yòng) kèqi
excuse me! sorry!	duìbuqǐ
gift; present	lǐwù; lǐpǐn
greet, to	(gēn...) dā zhāohu
impolite, be	méi(yǒu) lǐmào
not at all; don't thank me!	búyòng xiè
please	qǐng
polite, be	yǒu lǐmào
polite; politeness	lǐmào
souvenir	jìniànpǐn
(to) thank; thanks	xièxie
you are too kind (polite)	nǐ tài kèqi(le)

4.4 Arrival - Introduction

How are you ?	nǐ/nín hǎo (ma) ?
introduce, to	jièshào
my name is...	wǒde míngzi jiào / shì ...
my surname is...	wǒ xìng...
pleased to meet you! (for the first time)	nǐ/nín hǎo; jiǔyǎng
welcome	huānyíng
What is your given (first) name ?	nǐ jiào shénme (míngzi) ?
What is your surname ?	nín guìxìng (formal); nǐ xìng shénme ?

4.5 Departure

bon voyage! have a safe trip	yílù píng'ān
good-bye; see you again	zàijiàn
please give my regards to...	qǐng tì wǒ wènhòu...; qǐng dài wǒ xiàng...wènhǎo
please go slowly (with care)	(qǐng) màn(màn) zǒu
see you soon	yīhuìr jiàn
see you tomorrow	míngtiān jiàn
thank you for your hospitality	xièxie (nínde) zhāodài

5 Food and Drink

5.1 General

assorted cold dishes; hors d'oeuvres	pīnpán
buffet	zìzhùcān
Chinese food	Zhōngcān; Zhōngguó cài
cold dish	lěngpán
course	dào; ge
drink, to	hē
eat and drink, to	chī gēn hē
eat a meal, to	chī fàn
food (edibles)	shíwù
food (provisions)	liángshí
(be) full; to be sated	bǎo
help yourself, to	zìjǐ lái
hungry, be	è
(to) invite someone to dinner; to play the host	qǐngkè
meals U.M.	dùn; cān
not fond of eating (a certain food)	chībulái
ordinary everyday food	(jiācháng) biànfàn
set (the table), to	bǎi
snacks	diǎnxīn
specialty	náshǒu cài
thirsty	kě
unable to eat (any more)	chībuxià
Western food	xīcān

5.2 Mealtimes

breakfast	zǎofàn
dinner	wǎnfàn
lunch	zhōngfàn; wǔfàn
supper	xiāoyè

5.3 At a restaurant

bill	zhàngdān
cafeteria	cāntīng; xiǎochī diàn
(to) call for the bill; to tally up the bill	suàn zhàng
coffee shop	kāfēi guǎn; kāfēi diàn
dining hall (in a school or university etc.)	shítáng
dining room (in a home)	fàntīng
dining room (in a hotel)	cāntīng; fàntīng
go to a restaurant, to	shàng guǎnzi
hotel	fàndiàn; lǚguǎn
manager; boss (colloquial)	lǎobǎn
menu	càidān
order food, to	diǎn cài; jiào cài
pub	jiǔguǎnr
restaurant	fànguǎnr; guǎnzi; jiǔjiā
take away food	wàimài
tip; gratuity	xiǎofèi
tuckshop	xiǎochīdiàn
waiter	fúwùyuán
write out the bill, to	kāi (dān)

5.4 Food-types and seasonings

beef	niúròu
biscuits	bǐnggān
bread	miànbāo
butter	huángyóu; niúyóu
cake	dàn'gāo
cheese	nǎilào
chewing gum	kǒuxiāngtáng
chicken	jī
chili	làjiāo
chocolate	qiǎokèlì
cream	nǎiyóu
curry	gālí
egg (boiled, fried, scrambled)	(jī)dàn (zhǔ, jiān, chǎo)
fresh	xīnxiān
frozen	bīng dòng(de)
garlic	suàn
ginger	jiāng
ham	huǒtuǐ
icecream	bīngqílín
icy pole	bīngbàng; bīnggùnr
jam	guǒjiàng
lamb	yángròu
meat	ròu
oil	yóu
oil (sesame)	zhīmáyóu
peanuts	huāshēng(mǐ)
pepper	hújiāo
pork	zhūròu
potato chips	mǎlíngshǔtiáo
potato crisps	mǎlíngshǔpiàn

(king) prawns	(dà)xiā; míngxiā
salad	shālā; shēngcài
salt	yán
sandwich	sānmíngzhì
seafood	hǎixiān
soup	tāng
soy sauce	jiàngyóu
sugar; sweets; candy	táng; tángguǒ
toast	kǎo miànbāo
vinegar	cù
yoghurt	suān (niú)nǎi

5.5 Fruit

apple	píngguǒ
apricot	xìngzi
banana	xiāngjiāo
cherry	yīngtáo
coconut	yézi
fruit	shuǐguǒ
grape	pútao
lemon	níngméng
lichee	lìzhī
mandarin	júzi
mango	mángguǒ
orange	chéngzi; júzi
papaya; paw paw	mùguā
peach	táozi
pear	lí(zi)
pineapple	bōluó
plum	lǐzi
raspberry	mùméi

| strawberry | cǎoméi |
| watermelon | xīguā |

5.6 Vegetables

asparagus	lúsǔn
broccoli	gānlán
cabbage	bāo(xīn)cài
cabbage (Chinese)	(Zhōngguó) báicài ; qīngcài
cabbage (vase)	báicài
capsicum; green pepper	qīngjiāo
carrot	húluóbo; hóngluóbo
cauliflower	càihuā; huācài
celery	qíncài
cucumber	huángguā
egg plant	qiézi
green peas	wāndòu
lettuce	shēngcài
mushroom	mógū
onion	yángcōng
potato	tǔdòu; mǎlíngshǔ
pumpkin	nánguā
spinach	bōcài
spring onions; shallots	cōng
string beans	càidòu
sweet corn	yùmǐ
tomato	fānqié; xīhóngshì
turnip	luóbo
vegetable dish	sùcài
vegetables	qīngcài; shūcài

5.7 Chinese food

bamboo shoots	zhúsǔn
bean curd	dòufu
bean shoots	dòuyá
cabbage and beef soup	báicài niúròutāng
Cantonese food	Guǎngdōngcài
deep fried pancake	yóubǐng
dumpling - boiled	shuǐjiǎo
dumpling lightly fried	guōtiēr
dumpling (stuffed with meat or vegetable)	jiǎozi
noodles	miàntiáo
noodles - fried	chǎomiàn
Northern food	Běifāngcài
Peking duck	Běijīng kǎoyā
plain cut chicken	báiqiējī
pork braised in red sauce	hóngshāoròu
rice (cooked)	(mǐ)fàn
rice (fried)	chǎofàn
rice gruel	zhōu
rice noodles	mǐfěn
rice (plain)	báifàn
rice (uncooked)	mǐ
roast duck	kǎoyā
salty duck	yánshuǐyā
sesame seed cake	shāobǐng
Sichuan food	Sìchuāncài
Southern food	Nánfāngcài
spring roll	chūnjuǎn
steamed bread; steamed bun	mántou
steamed stuffed bun	bāozi

sweet and sour	tángcù; tiánsuān
sweet and sour pork	gǔlǎoròu
twice cooked pork	huíguōròu
wonton	húntun
Yumcha (eat snacks Cantonese style)	yǐnchá

5.8 Drinks

beer	píjiǔ
black tea	hóngchá
boiled water	kāishuǐ
boil water, to	shāo shuǐ
brandy	báilándì
chilled water	bīngshuǐ
coca cola	kěkǒukělè
coffee	kāfēi
cold drink	lěngyǐn
drunk	zuì; (hē)zuìle
fruit juice	guǒzhī
green (Chinese) tea	lǜchá
hot drink	rè yǐn
ice; with ice	bīng
jasmine tea	(mòlì)huāchá
lemonade	níngméngqìshuǐ
make coffee, to	nòng kāfēi
make tea, to	pào chá; qī chá
maotai (a strong Chinese spirit)	máotáijiǔ
milk	niúnǎi
mineral water	kuàngquánshuǐ
orange drink; orangeade	júzishuǐ

orange juice	júzizhī; júzishuǐ
soda water	sūdǎshuǐ
soft drink (aerated)	qìshuǐ
tea	chá
tea pot	cháhú
thirsty	kě
water	shuǐ
whisky	wēishìjì(jiǔ)
white spirit (from sorghum or maize)	báijiǔ; báigān
wine (Chinese - rice based)	huángjiǔ; mǐjiǔ
wine; general alcoholic beverages	jiǔ
wine (grape)	pútaojiǔ
wine - red	hóngpútaojiǔ
wine - white	báipútaojiǔ

5.9 Taste

aromatic; smells good	xiāng
bitter	kǔ
delicious; tasty	hǎochī
dry	gān; bùtián
hot (boiling)	tàng
hot (spicy)	là
oily	yóunì
salty; savoury	xián
smell, to	wén
sour	suān
strong (taste)	nóng
sweet	tián
taste	wèidao

taste, to	cháng
tender	nèn
tough	lǎo; yìng
unpalatable	nánchī
weak (taste or alcohol)	dàn

5.10 Cooking

boil in water, to	zhǔ
cook book	shípǔ
cook a meal; prepare a meal, to	zuòfàn; zuòcài; nòng (colloquial)
deep fry, to	zhá
pan fry, to	jiān
(to) roast; to bake	kǎo
saute, to	kuàijiān
simmer, to	màn zhǔ; dùn
steam, to	zhēng
stir fry, to	chǎo

5.11 Utensils

bowl	wǎn
chopsticks	kuàizi
cup; glass	bēi(zi)
fork	chā(zi)
glass; tumbler	bōlibēi
kettle	kāishuǐhú
knife	dāo(zi)
knife and fork	dāochā
microwave oven	wēibōlú

napkin	cānjīn
plate	pán(zi)
saucepan; wok; pot	guō
spatula; egg slicer; wok stirrer	guōchǎn
spoon	sháo(zi)
stove	lú(zi); zào(tái)
stove - electric	diànlú
stove - gas	méiqìlú
teacup	chábēi
thermos	rèshuǐpíng
tooth pick	yáqiān

5.12 Smoking

ash-tray	yānhuīgāng
cigarettes	(xiāng)yān
cigars	xuějiā(yān)
lighter	dǎhuǒjī
lung cancer	fèi'ái
matches	huǒchái
pipe	yāndǒu
smoke, to	chōuyān; xīyān
tobacco	yāncǎo

6 Apparel

6.1 Clothing - general

buckle	dàikòu; kòuhuán
button	niǔkòu; kòuzi
button, to	kòu(shang)
change into, to	huàn
clean	gānjìng
clothes	yīfu; yīshang
clothes U.M.	jiàn
collar	lǐngzi; yīlǐng
cut, to	jiǎn
dirty	zāng
doesn't fit	bùhéshì
dry clean	gānxǐ
fashionable	shímáo
fit, to	héshì
long	cháng
loose	sōng; dàle
made of...	...zuòde
matching suit of...	gēn...chéngtào
needle	zhēn
pocket	kǒudài
scissors	jiǎndāo
sew, to	féng
sewing machine	féngrènjī
short	duǎn
size (large - medium - small)	hào (dà - zhōng - xiǎohào)
sleeve	xiùzi

smart	piàoliang
tailor	cáiféng
take off, to	tuō
thread, a	xiàn
tight	jǐn
ugly	nánkàn
uniform	zhìfú
wash, to	xǐ
wear (hats, accessories, jewellery), to	dài
wear (skirts, pants, socks), to	chuān

6.2 Articles of clothing

bathers	yóuyǒngyī
blouse	duǎnshān; chènyī
bra	xiōngyī; nǎizhào; rǔzhào
Chinese long dress (cheong sam)	qípáo
Chinese tunic suit	Zhōngshānzhuāng
coat; jacket	shàngyī
cotton-padded jacket	mián'ǎo; miányī
dress	liányīqún; yángzhuāng
evening dress	yèlǐfú
jeans	niúzǎikù
jumper; sweater; pullover	máoyī
overcoat	dàyī
pyjamas	shuìyī
raincoat	yǔyī
shirt	chènshān; chènyī
shorts	duǎnkù
skirt	qúnzi

socks	wà(zi)
stockings	chángwà(zi)
suit (western style)	xīzhuāng
sweat shirt	wèishēngyī; yùndòngshān
tracksuit	yùndòngyī
trousers	(cháng)kùzi
trousers U.M.	tiáo
T-shirt	hànshān
underpants	nèikù
undershirt	nèiyī

6.3 Footwear and accessories

(leather) bag	(pí)bāo
(leather) belt	(pí)dài; yāodài
boots	xuēzi
bracelet	shǒuzhuó
cuff(links)	xiùkòu
ear-rings	ěrhuán
glasses	yǎnjìng
gloves	shǒutào
handbag	shǒutíbāo
handkerchief	shǒupà; shǒujin
jewellery	zhūbǎo
necklace	xiàngliàn; jǐngliàn
pair of (shoes, etc.)	shuāng
(decoration) pin	(huā)biézhēn; shìzhēn
ring	jièzhǐ
running shoes; joggers; sand shoes	qiúxié
sandals	liángxié
scarf	wéijīn

shoe laces	xiédài
shoe polish	xiéyóu
shoes	xiézi
shoes - cloth	bùxié
shoes - leather	píxié
slippers	tuōxié
sunglasses	tàiyángjìng; mòjìng
tie, a	lǐngdài
tie a tie, to	dǎ lǐngdài
umbrella	(yǔ)sǎn
wallet; purse	qiánbāo
watch	(shǒu)biǎo

6.4 Materials

cloth	bù
cotton cloth	miánbù
lace (border)	huābiān; shìdài
leather	pí(gé)
linen	mábù; yàmábù
material	liàozi
nylon	nílóng
plastic	sùliào
rayon	rénzào xiānwéi; rénzào sī
satin	duànzi
silk	sī
silk fabric	chóuzi
synthetic fibre	héchéng xiānwéi
velvet	tiān'éróng
(knitting) wool	máoxiàn
wool	yángmáo
woollen cloth	máoliào

6.5 Colours

beige	mǐsè
black	hēisè
blue	lánsè
brown	zōngsè; hèsè
colour	yánsè
cream	rǔbáisè; nǎisè
dark	shēn(sè)
golden	jīn(huáng)sè
green	lǜsè
grey	huīsè
light	qiǎn(sè)
orange	júhuángsè; júhóngsè
pink	fěnhóngsè
purple	zǐsè
red	hóngsè
silver	yínsè
white	báisè
yellow	huángsè

7 Shopping

7.1 Shops

antique shop	gǔdǒngdiàn
bakery	miànbāodiàn
bank	yínháng
book store	shūdiàn
butcher shop	ròudiàn
camera store	zhàoxiàngjīdiàn
department store	bǎihuò(shāng)diàn; bǎihuògōngsī
dress maker's	fúzhuāngdiàn
dry cleaner	gānxǐdiàn
fish shop	yúdiàn
florist shop	huādiàn
Friendship store	yǒuyì shāngdiàn
furniture store	jiājudiàn
green grocer's	càipù; qīngcàidiàn
hairdresser's shop; barber's shop	měifàdiàn; lǐfàdiàn
hardware store	wǔjīnháng
jewellery shop	zhūbǎodiàn
market	(cài)shìchǎng
pastry shop	diǎnxīndiàn; gāobǐngdiàn
pharmacy; chemist's	yàodiàn; yàofáng
photo shop	zhàoxiàngguǎn
post office	yóujú
shoe shop	xiédiàn
-shop	-diàn

shops	shāngdiàn
souvenir shop	jìniànpǐndiàn
sporting goods shop	yùndòng yòngjùdiàn
stationery shop	wénjùdiàn
supermarket	chāojí shìchǎng
tailor's shop	cáiféngdiàn
tobacconist	yāncǎodiàn
toy shop	wánjùdiàn
watchmaker's	zhōngbiǎodiàn

7.2 Shopping

bargain, to	jiǎngjià
bill	zhàngdān
(to) borrow; to lend	jiè
buy, to	mǎi
cashier	chū'nàyuán
customer	gùkè
deliver, to	sòng
(to give) discount	(dǎ)zhékou
exchange; change	huàn
fitting room	shìchuānfáng
give (change), to	zhǎo
let me pay !	ràng wǒ fù ba !
(make out a) list	(kāi) dānzi
order, to	dìng
packet of	bāo
pay, to	fùqián
(twenty) per cent off	(bā) zhé
purse; wallet	qiánbāo
(write out a) receipt	(kāi)fāpiào; shōujù; shōutiáo
receive, to	shōu

(big) sale	(dà) jiǎnjià
salesperson	shòuhuòyuán
sell, to	mài
shop, to	mǎidōngxi
sold out	màiwánle
tip; gratuity	xiǎofèi
wrap, to	bāoqilai

7.3 Money; Cost

cash (noun)	xiànjīn; xiànqián; xiànkuǎn
cent	fēn
change; small or loose change	língqián
cheap	piányi
check (personal)	(sīrén)zhīpiào
Chinese Currency	Rénmínbì
credit card	xìnyòngkǎ(piàn)
currency	qián; -bì
dollar (Chinese) conversation)	yuán; kuài (used in
dollars (U.S.A.)	Měiyuán; Měijīn
expensive	guì
how much (does it cost)?	duōshao qián ?
money	qián
notes; paper money	zhǐbì; chāopiào
price	jiàqián
ten cent unit conversation)	jiǎo; máo (used in
travellers' checks	lǚxíng zhīpiào

8 Accommodations

8.1 House and Buildings

build, to	gài; jiàn
building (general); structure	jiànzhù
building (multi-storey or of large size)	lóufáng; dàlóu
buildings U.M.	dòng
carport	chēpéng
construction site	gōngdì
flat; apartment	gōngyù
(ground) floor	(yī) lóu
garage	chēfáng; qìchējiān
home; family	jiā
house	fángzi
houses; buildings (domestic)	fángwū
houses U.M.	suǒ
skyscraper	mótiānlóu
storey	céng

8.2 Rooms

bathroom	xǐzǎojiān; yùshì; xǐzǎofáng
bedroom	wòshì; shuìfáng
billiard room	dànzifáng
corridor	zǒuláng
dining room	fàntīng
double room (in a hotel)	shuāngrén fáng(jiān)

family room	xiūxishì
kitchen	chúfáng
laundry	xǐyījiān
living room; lounge room	kètīng
room	wūzi; fángjiān
room (in a hotel)	fángjiān
rooms U.M.	jiān
single room (in a hotel)	dānrén fáng(jiān)
spare room	kòngfáng
study	shūfáng
suite (of rooms)	tàofáng
toilet	cèsuǒ

8.3 Furniture and accessories

bed	chuáng
bedspread	chuángzhàor
blanket	tǎnzi
bookcase	shūjià; shūguì
chair	yǐzi
closet; wardrobe	yīchú
coffee table	chájī
desk	shūzhuō
furniture	jiāju
pillow	zhěntou
quilt	bèizi
sheet	chuángdān
shelves	jiàzi
sofa	shāfā
stool	dèngzi
table	zhuōzi
wardrobe; chest of drawers	yīguì

8.4 Living in a house

(to) ascend; to go up	shàng
backyard	yuànzi; hòuyuàn
close (door or window), to	guān
come out, to	chūlái
cook, to	zuòfàn
decorate, to	zhuāngshì
(to) descend; to come down	xià
enter, to	jìn
garden	huāyuán
hang, to	guà
home owner	fángzhǔ; wūzhǔ
knock (at the door), to	qiāo(mén)
lawn	cǎodì
leave (a place), to	líkāi
live in/at, to	zhù(zài)
lock the door, to	suǒmén
make the bed, to	pūchuáng
move (house), to	bān(jiā)
neighbours	línjū
open (door or window), to	kāi
(garden) path	xiǎolù
press the doorbell, to	ànlíng
rent, to	zū
rent, the	fángzū; zūjīn
switch off (light, power, etc), to	guān
switch on (light, power, etc), to	kāi
wash the car, to	xǐchē
water (the plants), to	jiāoshuǐ

8.5 Room and Building fittings

back entrance	hòumén
balcony	yángtái; lùtái
basin	xǐliǎnpén
bathtub	xǐzǎopén; yùpén
bookshelf	shūjià(zi)
carpet; rug	dìtǎn
ceiling	tiānhuābǎn
curtains	chuānglián
cushion	diànzi; yǐdiàn
desk lamp; reading lamp	táidēng
door	mén
doorbell	(mén)líng
downstairs	lóuxià
drawer	chōuti
entrance; doorway	ménkǒur
escalator	zìdòngfútī
fence	wéiqiáng; wéilán
floor	dìbǎn
fluorescent light	rìguāngdēng
front entrance	qiánmén
key	yàoshi
lift; elevator	diàntī
light; lamp	(diàn)dēng
lock, a	suǒ
mirror	jìngzi
ornament	zhuāngshìpǐn
plug (electric)	(diàn)chātóu
roof	wūdǐng
rubbish bin	lājītǒng
shower	línyù
sink	shuǐchízi; xǐwǎncáo

stairs	lóutī
switch, a	kāiguān
tap	shuǐlóngtóu
toilet	cèsuǒ
toilet paper	cǎozhǐ; wèishēngzhǐ
upstairs	lóushàng
vase	huāpíngr
venetian blinds	báiyèlián
veranda	zǒuláng; lángzi
wall	qiáng
wastepaper basket	zìzhǐlǒu
window	chuānghu

8.6 Heating and Cooling

air conditioning	kōngtiáo; lěngqì
central heating	nuǎnqì
electric fan	diànshàn
gas	méiqì
heater	huǒlú; nuǎnlú; nuǎnqì
light a fire, to	diǎn huǒ
put out a fire, to	miè huǒ
radiator	sànrèqì; nuǎnqì
refrigerator	bīngxiāng
warm	nuǎnhuo
warm oneself, to	qǔnuǎn; kǎohuǒ

8.7 Cleaning and Washing

bring in the washing, to	shōu yīfu
broom	sàozhou
bucket	tǒng

clean (adjective)	gānjìng
clean, to	nònggānjìng; gǎogānjìng
(washing) detergent	xǐdíjì
dirty	zāng
dishcloth	mābù; cāwǎnbù
dishwasher	xǐwǎnjī
(clothes) dryer	gānyījī
dry in the sun, to	shàigān
dust	huī(chén)
hang out the clothes, to	liàng yīfu; shài yīfu
iron, an	yùndǒu
iron clothes, to	tàng yīfu
put the rubbish out, to	dào lājī
rubbish (bin)	lājī(tǒng)
scrubbing brush	shuāzi
shampoo	xǐfàjì
soap	féizào; xiāngzào
sweep	sǎodì
tidy and sweep, to	dǎsǎo
(to) tidy up; to put in order	shōushi
towel	máojīn
vacuum cleaner	xīchénqì
wash, to	xǐ
wash clothes, to	xǐ yīfu
wash the dishes, to	xǐ wǎn
washing machine	xǐyījī
washing powder	xǐyīfěn
(to) wipe; to polish	cā

8.8 Materials and Tools

blunt	dùn
brick	zhuān(tou)
cement	shuǐní
glass	bōli
hammer	chuízi
hard	yìng
iron	tiě
lawn mower	chúcǎojī
plastic	sùliào
pliers	qiánzi; lǎohǔqián
rubber	xiàngjiāo; xiàngpí
scissors	jiǎndāo
sharp	lì
soft	ruǎn
tool	gōngjù
wood	mù(tou)

8.9 Repairs

(to) bend; bent	wān
(a) bend; a fold	zhé
(to) break; to snap	duàn
broken; damaged	(dǎ)pòle
broken into pieces	pòsuìle
broken; out of order	huàile
completed	hǎole
cut, to	jiǎn; nòngduàn
fasten, to	jiēzài yìqǐ
fault	máobìng
fixed	xiūlǐhǎole

glue, to	tiē; zhān
(to) mend; to patch (clothes)	xiūbǔ
pull	lā
push	tuī
repair the car	xiūlǐ qìchē
(to) repair; to fix	xiūlǐ
snap	zhéduàn
tear, to	sī
tie, to	bǎng
torn	sīpòle
use, to	yòng

9 Travelling

9.1 The World

country	guójiā
foreign	wàiguó(de)
foreigner	wàiguórén
local people	běndìrén
map	dìtú
population	rénkǒu
world	shìjiè

9.2 Countries and Peoples

Africa	Fēizhōu
America (continent)	Měizhōu
Argentina	Āgēntíng
Asia	Yàzhōu
Australia	Àodàlìyà
Australia (continent)	Àozhōu
Brazil	Bāxī
Canada	Jiā'nádà
Chile	Zhìlì
China	Zhōngguó
city	chéngshì
commune	gōngshè
countryside	xiāngxià
County	Xiàn
Cuba	Gǔbā

England	Yīngguó
Europe	Ōuzhōu
France	Fàguó; Fǎguó
Germany	Déguó
Greece	Xīlà
hometown	gùxiāng
Hong Kong	Xiānggǎng
Indonesia	Yìndùníxīyà; Yìnní
Ireland	Àiěrlán
Italy	Yìdàlì
Japan	Rìběn
Korea	Cháoxiān; Hánguó
Latin America	Lādīng Měizhōu
Malaysia	Mǎláixīyà
Mexico	Mòxīgē
neighbourhood	fùjìn
New Zealand	Xīnxīlán
N.S.W. (Sydney)	Xīnnánwēiěrsī (Xuělí; Xīní)
Philippines	Fēilùbīn
Poland	Bōlán
Province	Shěng
Queensland (Brisbane)	Kūnshìlán (Bùlìsībān)
region	dìqū
Russia; Soviet Union	Éguó; Sūlián
S.A. (Adelaide)	Nán'ào (Ādéléidé)
Scotland	Sūgélán
Singapore	Xīnjiāpō
South Africa	Nánfēi
South-East Asia	Dōngnányà
Spain	Xībānyá
State	Zhōu

suburb	jiāoqū
Tanzania	Tǎnsāngníyà
Tasmania (Hobart)	Tǎsīmǎníyà (Huòbātè)
U.S.A.	Měiguó
Victoria (Melbourne)	Wéiduōlìyà (Mòěrběn)
Vietnam	Yuènán
village	cūnzi
W.A. (Perth)	Xī'ào (Pèisī)
Zaire	Zāyīěr
Zimbabwe	Jīnbābùwéi

9.3 Roads and Streets

bridge	qiáo
corner	guǎijiǎo
cross (the road), to	guò(mǎlù)
footpath	rénxíngdào
freeway	gāosùgōnglù
highway	gōnglù
intersection	(shízì)lùkǒu
lane; alley	xiàng(zi)
(house) number	hào
overpass	tiānqiáo
path	xiǎolù
pedestrian crossing	bānmǎxiàn (lit. zebra lines); rénxíngdào
road	lù; mǎlù
square	guǎngchǎng
street	jiē
traffic lights	hónglǜdēng; jiāotōngdēng
underpass	dìxiàdào; dǐcéngdào

9.4 Oceans and Seas

Antarctic Ocean	Nánbīngyáng
Arctic Ocean	Běibīngyáng
Atlantic Ocean	Dàxīyáng
Black Sea	Hēihǎi
East China Sea	Dōng Hǎi
Indian Ocean	Yìndùyáng
Mediterranean Sea	Dìzhōnghǎi
North Sea	Běihǎi
Ocean	yáng
Pacific Ocean	Tàipíngyáng
Red Sea	Hónghǎi
sea	hǎi
Sea of Japan	Rìběnhǎi
South China Sea	Nán(zhōngguó)hǎi
Yellow Sea	Huánghǎi

9.5 Means of Transport

(to have) an accident	chūshì; (chū)chēhuò
aeroplane	fēijī
airport	fēijīchǎng
bicycle; push bike	zìxíngchē
boat; ship	chuán
break down	(chē) huàile
bus	gōnggòngqìchē
car; vehicle	qìchē; chēzi
express (transport)	kuàichē
motorbike	mótuō chē
park at, to	tíngzài
petrol station	qìyóuzhàn; jiāyóuzhàn

ride (astride), to	qí
ride on, to	zuò
safety belt	ānquándài
stop, to	tíng
stop (bus tram etc.)	chēzhàn
taxi	chūzūqìchē; jìchéngchē
train	huǒchē
tram	diànchē
trolley bus	diànchē; gōnggòngqìchē
truck	kǎchē
underground	dìxiàtiědào
wharf	mǎtou

9.6 Transport

car accident	chēhuò
careful	xiǎoxīn
danger(ous)	wēixiǎn
drive (navigate), to	kāi
driver	sījī
get off, to	xià
get on, to	shàng
pedestrian	xíngrén
safety	ānquán
stop, to	tíng
traffic	jiāotōng

9.7 Travel and Accommodation

arrive late, to	chídào; láiwǎnle
go to meet someone, to	yíngjiē
have arrived, to	dàole

hotel; inn	lǚguǎn; (dà)fàndiàn; jiǔdiàn
leave, to	líkāi
luggage	xíngli
make a reservation, to	yùdìng
prepare, to	zhǔnbèi; yùbèi
scenery	fēngjǐng
see someone off, to	sòng
set off, to	chūfā
sightsee, to	guānguāng; yóulǎn
sightseeing group	guānguāngtuán
timetable	shíjiānbiǎo
tourbus	yóulǎnchē
tour guide	dǎoyóu
tour leader	tuánzhǎng (lit. group leader)
travel, to	lǚxíng
traveller	lǚkè
(to) visit; to tour; to inspect	cānguān; fǎngwèn

9.8 Places

airport	fēijīchǎng
art gallery	měishùguǎn; yìshùguǎn; huàláng
bank	yínháng
bookshop	shūdiàn
botanical gardens	zhíwùyuán
car park	tíngchēchǎng
church	jiàotáng
cinema; picture theatre	diànyǐngyuàn
concert hall	yīnyuètīng
dance hall	wǔtīng
department store	bǎihuò(shāng)diàn

disco	dísīkě yèzǒnghuì; dísīkě wǔtīng
hospital	yīyuàn
hotel; pub	jiǔdiàn
institute; college	xuéyuàn
library	túshūguǎn
museum	bówùguǎn
office	bàngōngshì
park	gōngyuán
police station	jǐngchájú; gōng'ānjú
post office	yóuzhèngjú
primary school	xiǎoxué
public convenience; toilet	cìsuǒ; cèsuǒ
restaurant	fànguǎn
school	xuéxiào
secondary school	zhōngxué
shop	shāngdiàn; ...diàn
snackbar	xiǎochīdiàn
station	huǒchēzhàn
telephone booth	diànhuàtíng
temple	miào
terminus	zhōngzhàn; zhōngdiǎn
theatre	xìyuàn; jùchǎng
university	dàxué
war memorial	lièshì jìniàntáng
zoo	dòngwùyuán

10 Politics and the Economy

10.1 Society

co-operation	hézuò
custom	xíguàn
duty	yìwù
hold a meeting, to	kāihuì
meeting	huì(yì)
participate, to	cānjiā
responsibility	zérèn
society	shèhuì
system	zhìdù

10.2 Social Problems and Change

change	gǎibiàn; biànhuà
freedom	zìyóu
ideal	lǐxiǎng
pollution	wūrǎn
poor	qióng
problem	wèntí
progress	jìnbù
progressive	jìnbù(de)
prohibit, to	jìnzhǐ
rich	yǒu qián

10.3 Politics and Parliament

agree, to	tóngyì
capitalism	zīběnzhǔyì
chairman	zhǔxí
communism	gòngchǎnzhǔyì
democracy	mínzhǔ
(to) elect; election	xuǎnjǔ
freedom	zìyóu
government	zhèngfǔ
king	guówáng
Labor Party	Gōngdǎng
liberalism	zìyóuzhǔyì
Liberal Party	Zìyóudǎng
minister	bùzhǎng
Ministry of Education	Jiàoyùbù
Ministry of Foreign Affairs	Wàijiāobù
opinion	yìjiàn
oppose, to	fǎnduì
opposition party	fǎnduìdǎng
parliament	yìhuì
(political) party	(zhèng)dǎng
politician	zhèngzhìjiā; zhèngkè
politics	zhèngzhì
premier	zǒnglǐ
president	zǒngtǒng
prime minister	shǒuxiàng; zǒnglǐ
public servant	gōngwùyuán
queen	nǚwáng
(to) represent; representative	dàibiǎo
socialism	shèhuìzhǔyì

10.4 Law

(to) decide; decision	pànjué
defend, to	biànhù
event; incident	shìjiàn
guilty	yǒuzuì
innocent	wúzuì
judge	fǎguān
law	fǎlǜ
law court	fǎyuàn
lawyer	lǜshī
prosecute, to	qǐsù; gàofā
trial	shěnpàn
valid	yǒuxiào

10.5 Police and Social Order

arrest, to	dǎibǔ; zhuā
escape, to	táopǎo
grab, to	zhuā
jail	jiānyù
kill, to	shā; shāsǐ
police	jǐngchá
police car	jǐngchē
police station	gōng'ānjú; jǐngchájú
prisoner	fànrén
release, to	fàng
social order	shèhuì zhìxù
steal, to	tōu
thief	xiǎotōu

10.6 The Economy

broke; bankrupt	pòchǎn
budget	yùsuàn
capital	zīběn
competition	jìngzhēng
develop, to	fāzhǎn
economy	jīngjì
loss	kuīsǔn
plan	jìhuà
profit	yínglì
wasteful	làngfèi

10.7 Work

busy	máng
desk	xiězìtái; shūzhuō
experience	jīngyàn
experienced	yǒu jīngyàn
hard working; industrious	nǔlì
job; work	gōngzuò
lazy	lǎn(duò)
look for work, to	zhǎo gōngzuò
occupation	zhíyè
office	bàngōngshì
work, to	zuò shì; gōngzuò

10.8 Agriculture

agriculture	nóngyè
barley	dàmài

cooked rice	fàn
farm (agricultural)	nóngchǎng
(rice) field	(dào) tián
grow rice, to	zhòng dàozi
land	tǔdì
milk, to	jǐ'nǎi
produce, to	shēngchǎn
produce, the	chǎnwù; chǎnpǐn
rice	mǐ; fàn; mǐfàn; dàozi
wheat	xiǎomài

10.9 Industry

demonstration	shìwēi (yóuxíng)
factory	gōngchǎng
industry	gōngyè
machine	jīqì
mining	kuàngyè
skill; technique	jìshù
strike	bàgōng
trade union	gōnghuì

10.10 Trade and Commerce

bank	yínháng
borrow (money) from, to	gēn...jiè(qián)
commerce	shāngyè
company	gōngsī
employee	gùyuán; zhíyuán
export	chūkǒu
foreign trade	duìwài màoyì

import	jìnkǒu
(to) lend (money) to	jiè(qián)gěi...
manager	jīnglǐ
person in charge	fùzérén
trade	màoyì

10.11 International Relations

ambassador	dàshǐ
consulate	lǐngshìguǎn
diplomacy	wàijiāo
diplomat	wàijiāoguān
embassy	dàshǐguǎn
international	guójì
military (affairs)	jūnshì
peace	hépíng
United Nations	Liánhéguó
war	zhànzhēng

11 Culture and Arts

11.1 Culture

cultural	wénhuàde
culture	wénhuà
famous; well-known	yǒumíng(de)
tradition	chuántǒng
traditional	chuántǒngde

11.2 Books and Writing

book	shū
bookshop	shūdiàn
brackets	kuòhào
Chinese-English (dictionary)	Hàn-yīng (zìdiǎn)
colon	màohào
comma	dòuhào
consult (a dictionary), to	chá (zìdiǎn)
dash	pòzhéhào
dictionary	zìdiǎn; cídiǎn
English-Chinese (dictionary)	Yīng-hàn (zìdiǎn)
English literature	Yīngguó wénxué
essay	wénzhāng
exclamation mark	jīngtànhào
full stop	jùhào
inverted commas	yǐnhào
library	túshūguǎn
line	...háng
literature	wénxué

modern literature	xiàndài wénxué
novels	xiǎoshuō
page	...yè
paragraph	duàn
phrase	duǎnyǔ
poem; poetry	shī
poem U.M.	shǒu
punctuation	biāodiǎn (fāngfǎ)
question mark	wènhào
semi-colon	fēnhào
sentence	jùzi
writer	zuòjiā

11.3 Press

Age, the	Shìjì Bào
article	wénzhāng
comics	xiǎorénshū
daily paper	rìbào
editor	biānjí
evening paper	wǎnbào
magazine	zázhì
morning paper	zǎobào
news	xīnwén
newspaper	bào(zhǐ)
pictorial	huàbào
press conference	jìzhě zhāodàihuì
print, to	yìnshuā
reporter	(xīnwén) jìzhě
Sun, the	Tàiyáng Bào

11.4 Television and Radio

amplifier	kuòyīnqì
(to) broadcast; broadcast	guǎngbō
cassette tape	(héshì) lùyīndài
color television	cǎisè diànshì(jī)
give a talk, to	jiǎnghuà
hifi	gāodùchuánzhēn
knobs	zhuànniǔ
news	xīnwén
plug in, to	chāshàng chātóu
programme	jiémù
radio	shōuyīnjī
record	chàngpiàn
record player	diànchàngjī
station (T.V. or radio)	diàntái
stereo	lìtǐshēng
switch off, to	guān
switch on, to	kāi
tape	lùyīndài; cídài
tape, to	lùyīn
tape recorder	lùyīnjī
television (set)	diànshì(jī)
tuner	tiáoyīnzhuāngzhì
T.V. channel	...píndào
video recorder	lùyǐngjī; lùxiàngjī
video tape	lùxiàngdài

11.5 Science

(to) discover; discovery	fāxiàn
do a scientific experiment, to	zuò shíyàn

experiment, an	shíyàn
(to) invent; invention	fāmíng
investigate, to	diàochá
laboratory	shíyànshì
material; data	zīliào
method	fāngfǎ
science	kēxué
scientific	kēxué(de)
scientist	kēxuéjiā

11.6 Religion

Anglican	shènggōnghuì
attend church, to	zuò lǐbài
believe in, to	xìnyǎng
believer	jiàotú
Bible	shèngjīng
Buddhism	fójiào
Buddhist statue	púsā; fóxiàng
Christianity	jīdújiào
Christmas	shèngdànjié
Christmas tree	shèngdàn shù
church	jiàotáng; jiàohuì
Easter	fùhuójié
Father Christmas	shèngdàn lǎorén
festival	jiérì; jié
God	shàngdì; tiānzhǔ
god (idol)	shén
heaven	tiāntáng
hell	dìyù
hymn	shèngshī
monk (Buddhist)	héshàng

monk (Catholic)	xiū(dào)shì
nun (Buddhist)	nígū
nun (Catholic)	xiūnǚ
pray, to	qídǎo
priest	chuánjiàoshì
religion	zōngjiào
Roman Catholic religion	tiānzhǔjiào
sing hymns, to	chàng shī
temple	miào

11.7 Art

art gallery	měishùguǎn; huàláng
artist	yìshùjiā; huàjiā
arts	yìshù
Chinese painting	Zhōngguó huà
exhibition	zhǎnlǎn (huì)
fine arts	měishù
painter	huàjiā
painting	huà(r)
sculptor	diāosùjiā
sculpture	diāosù
Western painting	Xīyánghuà

11.8 Music

blow (woodwind or brass instrument), to	chuī
classical item	gǔdiǎn yīnyuè
concert	yīnyuèhuì
concert hall	yīnyuètīng
conductor (orchestra or band)	zhǐhuī

disco	dísīkě
electronic music	diànzǐ yīnyuè
folk songs	mín'gē
guitar	jítā
music	yīnyuè
musical instrument	yuèqì
musical item	yuèqǔ
music fan	yīnyuèmí
musician	yīnyuèjiā
opera	gējù
orchestra	(guǎnxián) yuèduì
piano	gāngqín
play a musical instrument, to	wánr; yǎnzòu
play (piano and guitar), to	tán
play stringed instruments, to	lā (lit. to pull)
pop music	liúxíng yīnyuè
practise, to	liànxí
rock music	yáogǔnyuè
session (music)	chǎng
singer	gēchàngjiā
sing (a song), to	chàng (gē)
Top 40	zuì rèmén sìshí-shǒu
violin	tíqín

11.9 Film and Drama

actor	(nán)yǎnyuán
actress	nǚyǎnyuán
blue movie	huángsè diànyǐng
comedy	xǐjù
director	dǎoyǎn
drama	xìjù

horror movie	kǒngbù diànyǐng
movie	diànyǐng
movie star	míngxīng
movie theatre	diànyǐngyuàn
play, a	huàjù
R-rated movie	chéngrén diànyǐng
space movie (science fiction)	tàikōng diànyǐng
tragedy	bēijù

12 Education

12.1 Education

attend school, to	shàng xué
begin term, to	kāixué
(to) educate; education	jiàoyù
education system	jiàoyù zhìdù
graduate, to	bìyè
in the holidays	fàngjià de shíhou
on summer holiday, be	fàng shǔjià
on winter holiday, be	fàng hánjià
scholarship	jiǎngxuéjīn
school term	xuéqí; xuéqī
student studying abroad	liúxuéshēng
study abroad, to	liúxué
take a holiday, to	xiūjià

12.2 Schools

board at school, to	zhùxiào
boarding house	sùshè
high school	zhōngxué
junior school (years 7-9)	chūzhōng
kindergarten	yòu'éryuán
primary school	xiǎoxué
school	xuéxiào
school boarder	zhùxiàoshēng
senior school (years 10-12)	gāozhōng

technical school	zhíyè xuéxiào
tertiary college	xuéyuàn
university	dàxué

12.3 Teacher and Pupil

deputy headmaster	fùxiàozhǎng
headmaster	xiàozhǎng
high school student	zhōngxuéshēng
lecturer	jiǎngshī
prefect	xuéshēngzhǎng
primary school student	xiǎoxuéshēng
professor	jiàoshòu
student; pupil	xuéshēng
teacher	lǎoshī; jiàoshī
university student	dàxuéshēng

12.4 Years of Study

fifth year	wǔniánjí
first year	yīniánjí
fourth year	sìniánjí
high school first year	zhōngxué yīniánjí
primary grade one	xiǎoxué yīniánjí
second year	èrniánjí
sixth year	liùniánjí
third year	sānniánjí
university first year	dàxué yīniánjí

12.5 School Subjects

accounting	kuàijì
algebra	dàishù
applied (eg. mathematics)	yìngyòng
art	měishù
biblical studies	shèngjīng yánjiū
biology	shēngwù
chemistry	huàxué
Chinese (subject)	Zhōngwén; Hànyǔ
commercial science	shāngxué
computer studies	diànnǎokèchéng
craft	gōngyì
economics	jīngjìxué
English (subject)	Yīngwén
general (eg. mathematics)	pǔtōng-
geography	dìlǐ
geometry	jǐhé
graphics	tú'ànshèjì
gymnastics; callisthenics	tǐcāo
history	lìshǐ
how many subjects ?	jǐménkè; jǐkē
legal studies	fǎlǜxué
literature	wénxué
mathematics	shùxué
music	yīnyuè
natural science	zìrán kēxué
philosophy	zhéxué
physical education	tǐyù
physics	wùlǐ
politics	zhèngzhì
pure (eg. mathematics)	chún-

religious education	zōngjiào jiàoyù
science (subjects)	lǐkē
social science	shèhuì kēxué
subject	kē(mù)
subjects U.M.	mén (used with kè)
which subject ?	něiménkè; něikē
which subjects ?	něi jǐménkè; něixiē kē(mù)

12.6 Classwork and Activities

assembly	zhāohuì; jíhé
attend class, to	shàng kè
(to) attend; to be present	dào
attention please !	qǐng zhùyì
blackboard	hēibǎn
chalk	fěnbǐ
Chinese class	Zhōngwén bān
classroom	jiàoshì; kèshì
composition	zuòwén
count, to	shǔ
detention	liúxiào
dictation	tīngxiě
end of school day	fàngxué
essay	wénzhāng
extra-curricular activities	kèwài huódòng
finish class, to	xià kè
first period (etc.)	dìyījié kè
He gave me a det	tā liú wǒde táng;
	fá wǒ liúxiào
homework	kèwài zuòyè; jiātíng zuòyè
homework diary	zuòyè rìjì
I gave her a det	wǒ fá tā liú táng / xiào

lesson	kè
photocopy, to	fùyìn; yǐngyìn
playground; sportsground	yùndòngchǎng
text book	kèběn
timetable	shíjiānbiǎo

12.7 Study

copy, to	chāoxiě
forget, to	wàng(jì)
know, to	zhīdao
know (from learning), to	huì
knowledge	zhīshi
know off by heart, to	néngbèi
learn; to study, to	xuéxí
master, to	xuéhuì
memorize, to	jì(zhù)
mistake(s)	cuò(wù)
(to) practise; a practice	liànxí
recollect, to	huíyì
(to) review; a review	fùxí
right; correct	duì
(to) study; a study of; research	yánjiù; yánjiū
teach, to	jiāo
wrong; incorrect	cuò; búduì

12.8 Tests

answer	huídá
do well (in exam), to	kǎode búcuò
entrance examination	rùxué kǎoshì

(to) examine; examination	kǎoshì
fail, to	bùjígé
give a test, to	yǒu xiǎokǎo
marks	...fēn
pass an examination, to	jígé
...per cent	bǎifēn zhī...
question	wèntí
result	jiéguǒ
sit (for exams), to	cānjiā kǎoshì
test	xiǎokǎo
topic	tímù

13 Communication

13.1 Language, Speech and Grammar

Chinese language	Zhōngwén; Hànyǔ
Chinese language (spoken)	Zhōngguóhuà
dialect	fāngyán
English language	Yīngwén; Yīngyǔ
English Language (colloquial)	Yīngguóhuà
foreign language	wàiwén; wàiyǔ
foreign language (colloquial)	wàiguóhuà
grammar	wénfǎ; yǔfǎ
language	yǔyán
...language	...huà
letter of the alphabet	zìmǔ
meaning	yìsi
pronunciation	fāyīn
romanization	pīnyīn
speech; expression	huà
spell, to	pīn
Standard Chinese	pǔtōnghuà; guóyǔ
word; character	zì; Hànzì
...written language	...wén; ...yǔ

13.2 Speaking and Listening

answer, to	huídá
ask, to	wèn
chat	tán (tiān)

command	jiào
conversation	huìhuà
(to) explain; explanation	shuōmíng
have heard, to	tīngdào; tīngjiàn
heard, be; audible	tīngdedào
(in) a loud voice	dàshēng
make a mistake (in speaking), to	shuōcuò
make a speech, to	jiǎnghuà
(to) request; to invite	qǐng
say, to	shuō; jiǎng
(in) a soft voice	xiǎoshēng
sound; voice	shēngyīn
speak, to	shuōhuà
story telling	jiǎng gùshì
(to) tell; to inform	gàosu

13.3 Response Words

good; fine	hǎo
no	bù
O.K.; all right	xíng
there is not; there are not	méiyǒu
there is; there are	yǒu
won't do; no way	bùxíng
yes	shì(de)
yes; that's right	duì(le)

13.4 Reading and Writing

note down, to	jìxià
read, to	dú

read aloud, to	niàn
read (silently), to	kàn
write, to	xiě
write a letter, to	xiě xìn

13.5 Stationery

ball point pen	yuánzhūbǐ
brush	máobǐ
envelope	xìnfēng
eraser	xiàngpí
felt tipped pen	zhāntóubǐ
ink	mòshuǐ
ink-stick	mò
ink-stone	yàntái
letter paper	xìnzhǐ
note book	bǐjìběn
paper	zhǐ
pen	bǐ; gāngbǐ
pencil	qiānbǐ
pencil case	bǐdài; bǐhé
pencil sharpener	qiānbǐbào(zi); qiānbǐdāo
ruler	chǐ(zi)
typewriter	dǎzìjī

13.6 Mail

address	dìzhǐ
aerogram	(hángkōng)yóujiǎn
affix, to	tiē
airmail	hángkōngxìn
contact, to	liánxì

express mail	kuàixìn
inform, to	tōngzhī
letter	xìn
letter U.M.	fēng
parcel; packet	bāoguǒ
personal mailbox	xìnxiāng
P.O. mailbox	yóuxiāng
postage stamp	yóupiào
post card	míngxìnpiàn
post card U.M.	zhāng
postcode	yóuqūhàomǎ
postman	yóuchāi
post office	yóu(zhèng)jú
registered mail	guàhàoxìn
(to) send; to mail	jì
weigh, to	chēng
wrap, to	bāo

13.7 Telephone and Telegram

answer the phone, to	jiē diànhuà
cut off (telephone), be	duànle
engaged (telephone)	dǎbutōng
hello	wèi
international call	guójì diànhuà
long distance call	chángtú diànhuà
public telephone	gōngyòng diànhuà
send a telegram, to	dǎ diànbào
telegram	diànbào
telephone	diànhuà
telephone, to	dǎ diànhuà
telephone directory	diànhuàběn; diànhuàbù
telephone number	diànhuà hàomǎ

14 Recreation and Sports

14.1 Friendship

boy friend	nánpéngyou
chat, to	tántiān
classmate	tóngxué
colleague	tóngshì
(be) divided; to part	fēnbié
friend	péngyou
girl friend	nǚpéngyou
(to) help; to assist	bāngmáng; bāngzhù
helper	bāngshǒu
invite, to	(yāo)qǐng
make friends, to	jiāo péngyou
penfriend	bǐyǒu
together with	gēn

14.2 Party

accompany, to	péi
dance, to	tiàowǔ
guest	kèrén
have arranged, to	yuēhǎo
have a date with ..., to	gēn ... yǒu yuēhuì
have friends around, to	... lái wánr
have a party, to	kāi wǔhuì; qǐng kè
hold a dinner party, to	qǐng chīfàn
host	zhǔrén

introduce A to B, to	bǎ A jièshào gěi B
invite, to	(yāo)qǐng
make an appointment, to	yuē
may I introduce myself	ràng wǒ zìjǐ jièshào
meet (each other), to	jiànmiàn
play cards, to	dǎ zhǐpái
visit (friends), to	kàn

14.3 Hobbies and Pastimes

camera	zhàoxiàngjī
camping	yěyíng
collect stamps, to	jíyóu
cooking	pēngrèn; zuòcài
dance, to	tiàowǔ
(to) draw; to paint	huàhuàr
entertainment	yúlè
fish, to	diào yú
gardening	yuányì
go to the movies, to	kàn diànyǐng
go on a picnic, to	yěcān
go on a trip, to	qù lǚxíng
go to the opera, to	kàn gējù
go to plays, to	kàn huàjù
have free time, to	yǒu kòng
hiking	túbùlǚxíng
hobby	àihào
keen about; be interested in	duì...yǒu xìngqù
keep goldfish, to	yǎng jīnyú
keep pet birds, to	yǎng niǎo
(to) like; to take an interest in	xǐhuan
listen to the radio, to	tīng shōuyīnjī

listen to records / tapes, to	tīng chàngpiàn / lùyīndài
mountain climbing	páshān
photograph, to	gēn...zhàoxiàng; shèyǐng
(to) play; to amuse oneself	wánr
play cards, to	dǎ(pūkè)pái
play chess, to	xià qí
play Chinese checkers, to	xià tiàoqí
play Chinese chess, to	xià xiàngqí
play electronic games, to	wánr diànzǐyóuxì
play an instrument, to	wán yuèqì
play mahjong, to	dǎ májiàng
read magazines, to	kàn zázhì
read newspapers, to	kàn bào
read novels, to	kàn xiǎoshuō
rest, to	xiūxi
scouts	tóngzǐjūn
sing, to	chànggē
take a walk or a stroll, to	sànbù
watch television, to	kàn diànshì

14.4 Sport

athlete	yùndòngyuán
athletics meeting	yùndònghuì
ball	qiú
(to) compete; competition	bǐsài
exercise, to	yùndòng
lose, to	shū
play a ball game, to	dǎ qiú
player; team member	duìyuán
playing field	yùndòngchǎng
points; score	fēn

...points to...	...bǐ...
practise, to	liànxí
run, to	pǎo
sport	yùndòng
swim, to	yóuyǒng
swimming costume	yóuyǒngyī
swimming pool	yóuyǒngchí
team	duì
win, to	yíng

14.5 Kinds of Sport

badminton	yǔmáoqiú
baseball	bàngqiú
basketball	lánqiú
billiards	táiqiú
bowling	bǎolíngqiú
cricket	bǎnqiú
cross country running	chángpǎo; yuèyě pǎobù
dive, to	tiàoshuǐ
football	zúqiú
foot race	sàipǎo; jìngzǒu
golf	gāo'ěrfūqiú
high jump	tiàogāo
hockey	qūgùnqiú
horse race	sàimǎ
hurdles	tiàolán
ice skating	huábīng
jogging	pǎobù; mànpǎo
long jump	tiàoyuǎn
play (hit or strike), to	dǎ
play (kick), to	tī

polo	mǎqiú
ride on horseback, to	qímǎ
rowing	huáchuán
rugby	gǎnlǎnqiú
sailing	wán fānchuán
snow ski	huáxuě
soccer	zúqiú
swimming	yóuyǒng
table tennis	pīngpāngqiú
tennis	wǎngqiú
volleyball	páiqiú
water polo	shuǐqiú
water ski	huáshuǐ

15 Abstract Words and Ideas

15.1 Being and Relation

able (physically)	néng
able (result of learning)	huì
accurate	zhèngquè
become, to	chéngwéi
change into, to	biànchéng
(to) do; to make	zuò
(to) fit; to conform with	shìhé
form; shape	xíngshì
influence	yǐngxiǎng
kind; type	zhǒnglèi
opportunity	jīhuì
(to) own; to have	yǒu
relation(ship)	guānxi
substitute; in place of	(dài)tì
suitable	héshì
there is; there are	yǒu
thing	dōngxi
useful	yǒuyòng

15.2 Comparison

A is much ... than B	A bǐ B ... de duō
A is not as ... as B	A méiyǒu B ...
A is ... than B	A bǐ B ...
all kinds (of)	gèzhǒng; suǒyǒude

apart from	chúle...(yǐwài)
choose, to	xuǎnzé
comparison; to compare	(gēn...) bǐ(jiào)
contrary; opposite	xiāngfǎn
different	bùtóng; bùyíyàng
entirely	wánquán(de)
even more	gèng ...
most	zuì
not as good as	bùrú...
others; other	qítāde
representative	dàibiǎoxìngde
resemble, to	xiàng
same	yíyàng
seem as if, to	hǎoxiàng
typical	diǎnxíngde

15.3 Intensity

basic; fundamental	jīběnde
conspicuous	míngxiǎn
essential	zhǔyào
extremely	fēicháng; ... jíle
for the most part; most probably	duōbàn
important; significant	zhòngyào
necessary	bìyào
(to) need; a need	xūyào
nervous; tense	jǐnzhāng
severe(ly)	yánzhòng
special(ly)	tèbié
strength; power	lìliàng
strong	qiáng

urgent; important	jǐnjí; yàojǐn
very; rather	hěn
weak	ruò

15.4 Taking and Giving

bring along, to	dài (lai / qu)
distribute, to	fēnpèi; fēnsòng
give, to	gěi
(to) give back; to return something borrowed	huán ...
give (a present), to	sòng (lǐ) gěi ...
hand over, to	jiāogěi
order (from shop), to	dìng
received	jiēdào; shōudào
take away, to	názǒu
take hold of, to	ná; zhuā

15.5 Reason

aim; objective	mùdì
because (of)	yīnwèi
cause	yuányīn
on account of	wèile
reason for	lǐyóu
reason why	yuángù
therefore; so that	suǒyǐ
why (?)	wèishénme

15.6 Complication

complicated	fùzá
difficulties	kùnnan
easy	róngyì
hard; difficult	nán
simple	jiǎndān

15.7 Attractiveness

beautiful	piàoliang; měilì
common	pǔtōng
cute; loveable	kěài
good-looking; handsome	hǎokàn
popular (current)	liúxíng
popular (well-liked)	shòu huānyíngde
ugly	nánkàn

15.8 Certainty

according to	gēnjù...; ànzhào...
although	suīrán
but; however	dànshì; kěshì
certainly; definitely	díquè; yídìng
certain; unquestionable	quèdìngde; wúyíde
false	jiǎde
for sure; for certain	yídìng
in reality	shíjìshang
of course	dāngrán
perhaps	yěxǔ
punctually; precisely	zhǔn
real	zhēnde
still; nevertheless	búguò

16 Movement and Location

16.1 Movement and Placement

arrive, to	dào
come, to	lái
come back, to	huílai
come down, to	xiàlai
come in, to	jìnlai
come out, to	chūlai
come up, to	shànglai
detach, to	nòng kāi
(to) fall down; to drop	diào
(to) get up; to stand up	qǐlai
go, to	qù; zǒu
go back, to	huíqu
go down, to	xiàqu
go in, to	jìnqu
go out, to	chūqu
go up, to	shàngqu
(to) have found; to be found	zhǎodào
leave, to	zǒu; líkāi
look for, to	zhǎo
(to) move; to shift	bān
pick up (object), to	náqǐ ... lai
(to) put down; to place	fàng(xia)
put into, to	fàng (jìn)
(to) put; to place	fàng
put together, to	fàngzài yìqǐ
(to) remove; to take off	ná kāi

send back (object), to	sòng huíqu
take away, to	ná zǒu
take out, to	ná chūlai
(to) throw; to cast; to lose	diū
(to) trip; to tumble	diēdǎo
(to) turn to the ...	wǎng ... zhuǎn
turn corners, to	guǎi; zhuǎn
turn left, to	guǎi zuǒ; wàng zuǒ zhuǎn
turn right, to	guǎi yòu; wàng yòu zhuǎn
unable to find	zhǎo búdào
walk, to	zǒu(lù)

16.2 This and That

in that way	nàme; nàyàng
in this way	zhème; zhèyàng
that	nà; nèi
that (one)	nàge; nèige
these	zhèxiē
this	zhè; zhèi
this kind (of)	zhèzhǒng; zhèyàng
this (one)	zhège; zhèige
those	nàxiē
which (one)	nǎge; něige
which (ones)	nǎxiē

16.3 Location and Orientation

above; the upper part	shàngtou; shàngbian
around; environs	fùjìn
back; rear	hòutou; hòubian
below; the lower part	xiàtou; xiàbian

between; middle	zhōngjiān
everywhere	gèchù
front	qiántou; qiánbian
here; this place	zhèlǐ; zhèr
inside	lǐtou; lǐbian
left	zuǒ(bian)
(in this) neighbourhood	zhè fùjìn
opposite	duìmiàn
outside	wàitou; wàibian
place; location	dìfang
right	yòu(bian)
side; nearby	pángbiān
that side	nàbiān
there; that place	nàli; nàr
this side	zhèbiān
where; which place	nǎli; nǎr

16.4 Direction

direction	fāngxiàng; ...fāng
east	dōng(fāng)
facing; toward	xiàng; wàng
north	běi(fāng)
opposite side	duìmiàn
...side	biān(r)
south	nán(fāng)
straight	yìzhí(de)
west	xī(fāng)

16.5 Place Suffixes

between	-zhōngjiān
beyond	-yǐwài
direction	-fāng
front	-qián
inside	-lǐ; -zhōng; -nèi
left	-zuǒ
lower part	-xià
outside	-wài
part; section	-bù
rear	-hòu
right	-yòu
side; edge	-páng; -biān
upper part	-shàng
within	-yǐ 'nèi

17 Time

17.1 Time Concepts - Indicators

about; approximately	... zuǒyòu
about; more or less	chàbuduō ...
after ...	... yǐhòu
... ago	...yǐqián
all along	cónglái
all day long	zhěngtiān
already	yǐjīng
at last; finally	zuìhòu
at once; immediately	lìkè; mǎshàng
at that time (then)	dāngshí
continue	jìxù
daylight-saving time	xiàlìng shíjiān
early, be	zǎo
every time	měicì
fast	kuài
for a long time	hěn / hǎo jiǔ
from	cóng
from beginning to end	cóngtóu dàowěi
from now on	cóngjīn yǐhòu
half a day; a long time	bàntiān
how long ?	duō jiǔ
hurry	gǎnkuài
in the future	jiānglái
in a moment	yīhuìr
in the past	guòqù; cóngqián

in a short while	yīhuìr
just; a little while ago	gāngcái
late, be	wǎn
(three days) later	(sāntiān) yǐhòu
later on; from now on	yǐhòu
long time ago, a	hěnjiǔ yǐqián
new	xīn
not yet	háiméi...
now; at present	xiànzài
now; nowadays	xiànzài
office hours	bàngōng shíjiān
old (aged eg.people)	lǎo
old (objects); used	jiù
once in a while	yǒushí
once upon a time	cóngqián
one of these days	jiānglái yǒuyìtiān
on time, be	zhǔnshí
other day, the	nèitiān
previously	yǐqián
recently	jìnlái; zuìjìn
right now; in the midst of ...ing	zhèngzài
slow	màn
sometimes	yǒu(de) shíhou
start, to	kāishǐ
(to) stop; stop (noun)	tíngzhǐ
subsequently	hòulái
take or use (time), to	yòng; huā
these days	zhèxiē tiān
this time	zhècì; zhèhuí
till now	zhídào xiànzài
till then	zhídào nàshí

time	shíhou; shíjiān
trading hours	yíngyè shíjiān
wait a moment	děng yīhuìr / xià
when the time comes	dào shíhou
when (what time ?)	shénme shíhou
which day ?	něitiān
while (during)	... de shíhou

17.2 Beginning and End

(to) begin; to start	kāishǐ
finish doing	zuòwán
finishing soon	kuàiwánle
first ... and only then ...	xiān ... cái ...
first of all	shǒuxiān
first ... then ...	xiān ... zài ...
for the first time	dìyícì; tóuyícì
in the beginning; at first	qǐtóu; kāishǐ de shíhou
last one	zuìhòude (yíge)
start soon, to	kuài(yào) kāishǐ
(to) stop; a stop (noun)	tíngzhǐ
verb indicating completion of action	(...) wánle; (...) hǎole

17.3 Frequency

always	lǎo(shì); zǒng(shì)
first time, the	dìyícì; tóuyícì
last time, the	zuìhòu yícì
next time	xiàcì
often	cháng(cháng)
once more; once again	zài yícì

previous time	shàngcì
seldom; rarely	bùcháng
sometimes	yǒu(de) shíhou
time; occasion	cì; huí; biàn
usually	píngcháng

17.4 Speed

early	zǎo
fast; rapid	kuài
gradually	jiànjiànde
hurry up, to	gǎn kuài
late	wǎn
little faster, a	kuài (yì)diǎr
slow	màn
slowly	mànmànde
suddenly	hūrán

17.5 Year

academic year	xuénián
... A.D.	gōngyuán(hòu) ...
... B.C.	gōngyuánqián ...
calendar	rìlì
celebrate the New Year, to	guò nián
century	shìjì
each year	niánnián; měinián
half year	bànnián
last year	qùnián
leap year	rùnnián
lunar calendar	yīnlì
New Year	xīnnián

next year	míngnián
solar calendar	yánglì
this year	jīnnián
year	nián
year after next, the	hòunián
year before last, the	qiánnián
years of age	suì

17.6 Season and Month

autumn	qiūtiān; qiūjì
every month	měi(ge) yuè
four seasons, the	sìjì
half a month	bàn'ge yuè
last month	shàng(ge) yuè
month	yuè
next month	xià(ge) yuè
one month	yíge yuè
season	jì
spring	chūntiān; chūnjì
summer	xiàtiān; xiàjì
this month	zhège yuè
winter	dōngtiān; dōngjì

17.7 Months of the Year

April	sìyuè
August	bāyuè
December	shí'èryuè
February	èryuè
first month (lunar)	zhēngyuè
January	yīyuè

July	qīyuè
June	liùyuè
March	sānyuè
May	wǔyuè
November	shíyīyuè
October	shíyuè
September	jiǔyuè
twelfth month (lunar)	làyuè; shíèryuè

17.8 Week and Day

day after tomorrow	hòutiān
day before yesterday	qiántiān
days	tiān; rì
everyday	tiāntiān; měitiān
every week	měi(ge) xīngqī
last week	shàng(ge) xīngqī
next week	xià(ge) xīngqī
one day	yì tiān
(the) other day; that day	nèitiān
these days	zhèxiē tiān
thirty-one days	sānshíyī tiān
this week	zhège xīngqī
today	jīntiān
tomorrow	míngtiān
two days	liǎng tiān
week	xīngqī; lǐbài
yesterday	zuótiān

17.9 Days of the Month and Week

day (of the month)	-hào
fifth (day of the month)	wǔhào
first (day of the month)	yīhào
fourth (day of the month)	sìhào
Friday	xīngqīwǔ
Monday	xīngqīyī; lǐbàiyī
Saturday	xīngqīliù
second (day of the month)	èrhào
Sunday	xīngqītiān; xīngqīrì
tenth (day of the month)	shíhào
third (day of the month)	sānhào
thirtieth (day of the month)	sānshíhào
thirty-first (day of the month), the	sānshíyīhào
Thursday	xīngqīsì
Tuesday	xīngqīèr
twentieth (day of the month)	èrshíhào
Wednesday	xīngqīsān
week	xīngqī; lǐbài
week-end	zhōumò

17.10 Time of the Day

all day long	zhěngtiān
A.M.; forenoon	shàngwǔ
daytime	báitiān
during the night	yèli
evening; at night	wǎnshang; yèwǎn
every morning	měitiān zǎoshang
(in the) middle of the night	bànyè

mid-night   wǔyè
morning   zǎoshang; zǎochén
noon; mid-day   zhōngwǔ
P.M.; afternoon   xiàwǔ
this morning   jīntiān zǎoshang
whole night, the   yíyè; zhěngyè

17.11 Hours by the Clock

half-an-hour   bàn'ge zhōngtóu
half-past ...   ... diǎn bàn (zhōng)
hour   xiǎoshí; zhōngtóu
minutes   fēn
... minutes to the next hour ... diǎn chà ... fēn
o'clock   diǎn(zhōng)
quarter-hour   yíkè zhōng
seconds   miǎo
What is the time ?   jǐdiǎn zhōng ?

18 Quantity

18.1 Size and Number

(to) add; plus	jiā
broad (dimension)	kuān
coarse	cū
decrease, to	jiǎnshǎo
divide into, to	fēn(chéng)
eight (8)	bā
fat	pàng
fine; detailed	(jīng)xì
five (5)	wǔ
four (4)	sì
half	bàn(ge)
hundred (100)	(yī) bǎi
increase, to	zēngjiā
large	dà
length	chángduǎn; chángdù
(to) lengthen; to extend	yáncháng; jiādà
majority, the	dàbàn; duō shù
minority, the	xiǎobàn; shǎoshù
most	dàbùfèn
narrow	zhǎi
nine (9)	jiǔ
nineteen (19)	shíjiǔ
ninety (90)	jiǔshí
one (1)	yī
one (of) ...	yíge ...

quarter, a	sìfēn zhī yī; yīkè zhōng (15 mins.)
seven (7)	qī
several	jǐ
share, to	fēnxiǎng
shares; parts of	(bù)fèn
six (6)	liù
size	dàxiǎo
size (number)	... hào
small	xiǎo
spread out, to	zhǎnkāi
(to) subtract; minus	jiǎn
ten (10)	shí
ten thousand (10000)	(yī) wàn
thick (consistency)	chóu; nóng
thick (dimension)	hòu
thin (consistency)	xī
thin (dimension)	báo
thin (not fat)	shòu
thousand (1000)	(yī) qiān
three (3)	sān
tight	jǐn
two (2)	èr
whole lot, the	zhěnggè; quánbù
wide (range)	(guǎng)dà
zero	líng

18.2 Length and Area

acre	yīngmǔ
centimetre	gōngfēn
Chinese mile	(huá) lǐ

deep	shēn
far	yuǎn
hectare	gōngqǐng
height	gāoǎi; gāodù
high; tall	gāo
kilometre	gōnglǐ
length	chángduǎn; chángdù
long	cháng
low	dī
metre	gōngchǐ; mǐ
miles	yīnglǐ
millimetre	gōnglí
near; close by	jìn; fùjìn
shallow	qiǎn
short	duǎn
short (stature)	ǎi

18.3 Weights and Volume

gallon	jiālún
gram	gōngfēn
heavy	zhòng
kilogramme	gōngjīn
light	qīng
litre	gōngshēng
ounce	yīngliǎng
pound	bàng
ton	dūn
tonne	gōngdūn
weight	zhòngliàng

18.4 Estimate

about; almost	chàbuduō
about how many	dàgài (shì / yǒu) duōshao
approximately	... zuǒyòu
generally; probably	dàgài
How long (time) ?	duōjiǔ
How long (time / far) ?	duō cháng; duō yuǎn
How many ?; How much ?	duōshao
How many ?(less than ten)	jǐ(ge)
How much money ?	duōshao qián
little less, a	shǎo yìdiǎr
little more, a	duō yìdiǎr
lot more, a	duōdeduō

18.5 Small Amount

entirely not	wánquán bù
few; several	jǐ(ge)
hardly any	jīhū méiyǒu
little	shǎo
little (of), a	yìdiǎr; yìxiē
not even a little	yìdiǎr yě méiyǒu
not very much (many)	bútàiduō
some (of)	yǒuxiē
under; less than	... yǐxià
zero	líng

18.6 Medium Amount

comparatively	bǐjiào
fairly; rather	xiāngdāng

just about; almost	chàbuduō
just right	gānghǎo
little by little	yìdiǎn yìdiǎn de; jiànjiànde
(a) little; some	yìxiē
sufficient; enough	gòu
within ...	... zhīnèi

18.7 Large Amount

all	suǒyǒude
almost	chàbuduō
completely	wánquán
exceedingly	fēicháng
extremely	... jíle
full	mǎn
full (sated)	bǎo
good deal of, a	hǎoxiē; hěnduō
many; much; plenty of	hěnduō; xǔduō
more the better, the	yuèduō yuèhǎo
more than ...	bǐ ... duō
more than	chāoguò
too; excessively	tài
too much	tàiduō

18.8 Measure Words

animals U.M.; birds U.M.	zhī
bag of	dài
basket of	lán
batch of	pī
books U.M.; magazines U.M.	běn

bottle of	píng
bowl of	wǎn
box of	hé
bridges U.M.; mountains U.M.	zuò
bunch of	bǎ; kǔn
cars U.M.; vehicles U.M.	liàng; bù
carton of	tiáo; hé
case of	xiāng
cigarettes U.M.	gēn
can of	guàn
common U.M. for persons and most objects	gè
course (of food)	dào; gè
cup of	bēi
dish of	dié
dozen of	dá
drop of	dī
flags U.M.	miàn
flowers U.M.	duǒ
garments U.M.; events U.M.	jiàn
group of	qún
horses U.M.	pǐ
house U.M.; building U.M.	suǒ; dòng
kind of	zhǒng; lèi
large animals (cows etc. U.M.)	tóu; zhī
letters U.M.	fēng
little of, a	yīdiǎr
meals U.M.	dùn; cān
objects with handles	bǎ
packet of	bāo
page of	yè
pair of	duì; shuāng

paper U.M.; objects with flat surface	zhāng
pens U.M.; pencils U.M.; cigarettes U.M.	zhī (literally 'branch')
persons U.M. (polite form)	wèi
piece of; lump of	kuài
pile of	duī
planes U.M.; machines U.M.	jià
plate of	pán
pan of; saucepan of	guō
pot of; kettle of	hú
roads U.M.; fish U.M.; long objects U.M.	tiáo
roll of	juǎn
room U.M.	jiān
row of	pái
section of	duàn
sentences U.M.	jù
set of	tào; bù
small and round objects U.M.	lì; kē
spoon of	sháo
step of	jí
stick of, a	gēn; zhī
storey of	céng
string of	chuàn
subjects of study U.M.	mén
suit of clothing U.M.	tào
team of	duì; zǔ
thin slice of	piàn
trees U.M.	kē
years of age	suì

19 Structural Words

19.1 Equational Verbs

am; are; were; is; was	shì
called, be	jiào; jiàozuò
look alike	xiàng
surnamed, be	xìng

19.2 Question Words

how	zěnme (yàng)
how far / long ?	duō yuǎn / cháng
how much (money)	duōshao (qián)
what	shénme
what age	duō dà; duōshao suì
when	shénme shíhou
where	(zài) nǎr; nǎli
which (one)	nǎ; nǎge
who	shéi; shuí
Who is speaking ?	nǐ nǎr ?
whose	shéide; shuíde
why	wèishénme

19.3 Connectives

also	érqiě
although ... yet	suīrán ... dànshì
and after that ...	yǐhòu

and (used between words)	gēn; hé
as long as	zhǐyào
as soon as ... then ...	yī ... jiù
because (of)	yīnwèi
before; beforehand	yǐqián
besides; in addition to that	háiyǒu; (lit.) cǐwài
but; however; nevertheless	dànshì; kěshì
even if	jiùshì
for example	bǐfāng shuō
if	rúguǒ; yàoshì
in fact	shízài; quèshí
in other words	huànjùhuà shuō
later on	ránhòu
more and more ...	yuè lái yuè ...
(the) more ... the more ...	yuè ... yuè ...
not only ... but also	búdàn ... érqiě
or	huòzhě
or (used in forming a choice type question)	háishì
otherwise	yàoburán
then; immediately	jiù
then; therefore; and so	yúshì
therefore	suǒyǐ
upon this; in this way	zhèyàng
well; then	nàme; nème

19.4 Prepositions

according to	(àn)zhào
at; in	zài
(...ed) by (passive voice)	bèi

compared to (eg. to be taller than X)	bǐ (eg. bǐ X gāo)
comparing	gēn ... bǐ
concerning ...	guānyú
down to	xià
except for	chúle ... (yǐwài)
facing	duì(zhe)
for (the sake of)	wèi; wèile
from	cóng
(separated) from	lí
(to) give to	gěi
(go) to	shàng
to; to go to	dào
toward	xiàng; cháo
(together) with	gēn; hé
with (a tool)	yòng

19.5 Particles

final particle	le; la; ma; me; na; ya; de
final / question particle	a
final / question particle (indicating suggestion or mild command)	ba
question particle (for simple questions)	ma (rising intonation vs. falling intonation as final particle)
subordinating particle (used after an expression to indicate possession or its descriptive function and also used in a resultative compound)	de

19.6 Suffixes

pluralizing suffix for human nouns and pronouns	-men
suffixes forming nouns	-r; -zi; -tou
suffixes indicating accomplishment	-dao; -zhao
suffix indicating perfective aspect or new situation	-le
suffix indicating progressive aspect	-zhe
verb suffix indicating action has been experienced	-guo

19.7 Prefixes

prefixes for certain nouns (including surname and other appellations to indicate good friendship or acquaintance)	ā-; xiǎo-; lǎo-
prefix for ordinal number (ranking)	dì-

Appendix 1
English to Chinese Glossary

A

abdomen	dùzi	肚子
able (physically)	néng	能
able (result of learning)	huì	会
able to hear	tīngdejiàn	听得见
able to see	kàndejiàn	看得见
Aborigine	tǔrén	土人
about	... zuǒyòu	…左右
about	chàbuduō	差不多
about how many	dàgài (shì / yǒu) duōshao	大概(是／有)多少
above	shàngtou; shàngbian	上头；上边
academic year	xuénián	学年
(to have an) accident	chūshì; (chū) chēhuò	出事；(出)车祸
accompany, to	péi	陪
according to	ànzhào...; gēnjù...	按照…根据…
according to	(àn)zhào	(按)照
accountant	kuàijì(yuán)	会计(员)
accounting	kuàijì	会计
accurate	zhèngquè	正确
acquainted with (a person), be	rènshi	认识
acre	yīngmǔ	英亩

actor	yǎnyuán	演员
actor	(nán)yǎnyuán	(男)演员
actress	nǚyǎnyuán	女演员
acupuncture	zhēnjiǔ	针灸
add, to	jiā	加
address	dìzhǐ	地址
address (someone), to	jiào	叫
Adelaide	Ādéléidé	阿得雷德
admire, to	xiànmù	羡慕
adult	dàrén	大人
aerogram	(hángkōng) yóujiǎn	(航空)邮简
aeroplane	fēijī	飞机
affix, to	tiē	贴
Africa	Fēizhōu	非洲
after ...	... yǐhòu	…以后
afternoon	xiàwǔ	下午
Age, the	Shìjì Bào	世纪报
agree, to	tóngyì	同意
agriculture	nóngyè	农业
aim	mùdì	目的
air	kōngqì	空气
air conditioning	kōngtiáo; lěngqì	空调；冷气
airmail	hángkōngxìn	航空信
airport	fēijīchǎng	飞机场
A is much ... than B	A bǐ B ... de duō	A 比 B …得多
A is not as ... as B	A méiyǒu B ...	A 没有 B …
A is ... than B	A bǐ B ...	A 比 B …
algebra	dàishù	代数
alive	huózhe	活着
all	suǒyǒude	所有的

all along	cónglái	从来
all day long	zhěngtiān	整天
alley	xiàng(zi)	巷(子)
all kinds (of)	gèzhǒng; suǒyǒude	各种；所有的
all right	xíng	行
almost	chàbuduō	差不多
already	yǐjīng	已经
also	érqiě	而且
although	suīrán	虽然
although ... yet	suīrán ... dànshì	虽然…但是…
always	lǎo(shì); zǒng(shì)	老(是)；总(是)
am	shì	是
A.M.	shàngwǔ	上午
ambassador	dàshǐ	大使
ambulance	jiùhùchē	救护车
America (continent)	Měizhōu	美洲
amplifier	kuòyīnqì	扩音器
amuse oneself, to	wánr	玩儿
ancestor	zǔxiān	祖先
and after that ...	yǐhòu	以后
and so	yúshì	于是
and (used between words)	gēn; hé	跟；和
Anglican	shènggōnghuì	圣公会
angry, be	shēngqì	生气
animal	dòngwù	动物
animals U.M.	zhī	只
announcer	bōyīnyuán	播音员
annoying	tǎoyàn	讨厌
answer	huídá	回答
answer, to	huídá	回答
answer the phone, to	jiē diànhuà	接电话

ant	mǎyǐ	蚂蚁
Antarctic Ocean	Nánbīngyáng	南冰洋
antique shop	gǔdǒngdiàn	古董店
apart from	chúle...(yǐwài)	除了…（以外）
apartment	gōngyù	公寓
apple	píngguǒ	苹果
applied (eg. mathematics)	yìngyòng	应用
approximately	... zuǒyòu	…左右
apricot	xìngzi	杏子
April	sìyuè	四月
architect	jiànzhùshī	建筑师
Arctic Ocean	Běibīngyáng	北冰洋
are	shì	是
Argentina	Āgēntíng	阿根廷
arm	gēbo; gēbei	胳膊；胳臂
aromatic	xiāng	香
around	fùjìn	附近
arrest, to	dǎibǔ; zhuā	逮捕；抓
arrive, to	dào	到
arrive late, to	chídào; láiwǎnle	迟到；来晚了
arrogant	àomàn; jiāo'ào	傲慢；骄傲
art	měishù	美术
art gallery	měishùguǎn; yìshù-guǎn; huàláng	美术馆；艺术馆；画廊
article	wénzhāng	文章
artist	yìshùjiā; huàjiā	艺术家；画家
arts	yìshù	艺术
ascend, to	shàng	上
ash-tray	yānhuīgāng	烟灰缸
Asia	Yàzhōu	亚洲
ask, to	wèn	问

asleep	shuìzháo	睡着
as long as	zhǐyào	只要
(in) a soft voice	xiǎoshēng	小声
as one pleases	suíbiàn	随便
asparagus	lúsǔn	芦笋
assembly	zhāohuì; jíhé	朝会；集合
assist, to	bāngmáng; bāng-zhù	帮忙；帮助
as soon as ... then ...	yī ... jiù ...	一···就···
assorted cold dishes	pīnpán	拼盘
as you wish	suí (nǐde) biàn	随(你的)便
at	zài	在
at a loss	méifázi; méibànfǎ	没法子；没办法
at ease	shūfu	舒服
at first	qǐtóu; kāishǐ de shíhou	起头；开始的时候
athlete	yùndòngyuán	运动员
athletics meeting	yùndònghuì	运动会
Atlantic Ocean	Dàxīyáng	大西洋
at last	zuìhòu	最后
at night	wǎnshang; yèwǎn	晚上；夜晚
at once	lìkè; mǎshàng	立刻；马上
at present	xiànzài	现在
attend, to	dào	到
attendant	fúwùyuán	服务员
attend church, to	zuò lǐbài	做礼拜
attend class, to	shàng kè	上课
attend school, to	shàng xué	上学
attention please!	qǐng zhùyì	请注意
at that time (then)	dāngshí	当时
audible	tīngdedào	听得到
August	bāyuè	八月

aunt (father's older brother's wife) (also polite address to friend's mother)	bómǔ	伯母
aunt (father's younger brother's wife)	shěnmǔ	婶母
aunt (general polite address to adult women by children)	āyí	阿姨
Australia	Àodàlìyà; Àozhōu	澳大利亚；澳洲
Australia (as continent)	Àozhōu	澳洲
Australian rules football	Ào(dàlìyà)shì zúqiú	澳(大利亚)式足球
Australians	Àodàlìyàrén; Àozhōurén	澳大利亚人；澳洲人
autonomous region	zìzhìqū	自治区
autumn	qiūtiān; qiūjì	秋天；秋季

B

baby	yīng'ér; wáwa	婴儿；娃娃
back	bèi	背
back	hòutou; hòubian	后头；后边
back entrance	hòumén	后门
backyard	yuànzi; hòuyuàn	院子；后院
bad	huài	坏
badminton	yǔmáoqiú	羽毛球
(leather) bag	(pí)bāo	(皮)包
bag of	dài	袋
bake, to	kǎo	烤
baker	miànbāoshī	面包师

bakery	miànbāodiàn	面包店
balcony	yángtái; lùtái	阳台；露台
ball	qiú	球
ball point pen	yuánzhūbǐ	圆珠笔
bamboo	zhúzi	竹子
bamboo shoots	zhúsǔn	竹笋
banana	xiāngjiāo	香蕉
bank	yínháng	银行
bankrupt	pòchǎn	破产
barber	lǐfàshī	理发师
barber's shop	měifàdiàn; lǐfàdiàn	美发店；理发店
bargain, to	jiǎngjià	讲价
bark	jiào	叫
barley	dàmài	大麦
baseball	bàngqiú	棒球
basic	jīběnde	基本的
basin	xǐliǎnpén	洗脸盆
basketball	lánqiú	篮球
basket of	lán	篮
batch of	pī	批
bathers	yóuyǒngyī	游泳衣
bathroom	xǐzǎojiān; yùshì; xǐzǎofáng	洗澡间；浴室；洗澡房
bathtub	xǐzǎopén; yùpén	洗澡盆；浴盆
bay	(hǎi)wān	(海)湾
beach	shātān; hǎitān	沙滩；海滩
bean curd	dòufu	豆腐
bean shoots	dòuyá	豆芽
bear	xióng	熊
beard	húzi	胡子
beautiful	piàoliang; měilì	漂亮；美丽
because (of)	yīnwèi	因为

become, to	chéngwéi	成为
bed	chuáng	床
bedroom	wòshì; shuìfáng	卧室；睡房
bedspread	chuángzhàor	床罩儿
bee	mìfēng	蜜蜂
beef	niúròu	牛肉
beer	píjiǔ	啤酒
before	yǐqián	以前
beforehand	yǐqián	以前
begin, to	kāishǐ	开始
begin term, to	kāixué	开学
beige	mǐsè	米色
Beihai Park	Běihǎi gōngyuán	北海公园
Beijing opera	jīngjù	京剧
believe in, to	xìnyǎng	信仰
believer	jiàotú	教徒
below	xiàtou; xiàbian	下头；下边
(leather) belt	(pí)dài; yāodài	(皮)带；腰带
bend, to	wān	弯
bend, a	zhé	折
bent	wān	弯
be of the opinion	yǐwéi; rènwéi	以为；认为
besides	háiyǒu; (lit.) cǐwài	还有；此外
between	zài...zhōngjiān	在…中间
between	-zhōngjiān	— 中间
beyond	-yǐwài	— 以外
Bible	shèngjīng	圣经
biblical studies	shèngjīng yánjiū	圣经研究
bicycle	zìxíngchē	自行车
big	dà	大
bill	zhàngdān	帐单
billiard room	dànzifáng	弹子房

billiards	táiqiú	台球
biology	shēngwù	生物
bird	niǎo	鸟
birds U.M.	zhī	只
birthday	shēngrì	生日
biscuits	bǐnggān	饼干
bite, to	yǎo	咬
bitter	kǔ	苦
black	hēisè	黑色
blackboard	hēibǎn	黑板
Black Sea	Hēihǎi	黑海
black tea	hóngchá	红茶
blanket	tǎnzi	毯子
blond hair	jīn(tóu)fà	金(头)发
blood	xuè; xiě	血
blood pressure	xuèyā	血压
blouse	duǎnshān; chènyī	短衫；衬衣
blow, to	chuī	吹
blowing a typhoon	guā táifēng	刮台风
blow (woodwind or brass instr.), to	chuī	吹
blue	lánsè	蓝色
blue movie	huángsè diànyǐng	黄色电影
blunt	dùn	钝
board at school, to	zhùxiào	住校
boarding house	sùshè	宿舍
boast, to	kuādà	夸大
boat	chuán	船
body	shēntǐ	身体
boiled water	kāishuǐ	开水
boil in water, to	zhǔ	煮
boil water, to	shāo shuǐ	烧水

bone	gútou; gǔtou	骨头
bon voyage! have a safe trip	yílù píng'ān	一路平安
book	shū	书
bookcase	shūjià; shūguì	书架；书柜
bookshelf	shūjià(zi)	书架(子)
bookshop	shūdiàn	书店
book store	shūdiàn	书店
books U.M.	běn	本
boots	xuēzi	靴子
bored	mèn	闷
boring	méi yìsi	没意思
born, be	shēng	生
borrow, to	jiè	借
(to) borrow (money) from	gēn...jiè(qián)	跟…借(钱)
boss (colloquial)	lǎobǎn	老板
botanical gardens	zhíwùyuán	植物园
bothersome	máfan	麻烦
bottle of	píng	瓶
bowl	wǎn	碗
bowling	bǎolíngqiú	保龄球
bowl of	wǎn	碗
box of	hé	盒
boy	nánháizi	男孩子
boy friend	nánpéngyou	男朋友
bra	xiōngyī; nǎizhào; rǔzhào	胸衣；奶罩；乳罩
bracelet	shǒuzhuó	手镯
brackets	kuòhào	括号
brain	nǎozi	脑子
branches	(shù)zhī	(树)枝

brandy	báilándì	白兰地
Brazil	Bāxī	巴西
bread	miànbāo	面包
break, to	duàn	断
break down	(chē) huàile	(车)坏了
breakfast	zǎofàn	早饭
breast	xiōng(bù)	胸(部)
brick	zhuān(tou)	砖(头)
bricklayer	zhuānjiàng; níshuǐgōng	砖匠；泥水工
bridge	qiáo	桥
bridges U.M.	zuò	座
bright	liàng	亮
bring along, to	dài (lai / qu)	带(来／去)
bring in the washing, to	shōu yīfu	收衣服
Brisbane	Bùlìsībān	布里斯班
broadcast, to; broadcast	guǎngbō	广播
broad (dimension)	kuān	宽
broccoli	gānlán	甘蓝
broke	pòchǎn	破产
broken	(dǎ)pòle	(打)破了
broken	huàile	坏了
broken into pieces	pòsuìle	破碎了
broom	sàozhou	扫帚
brother (older)	gēge	哥哥
brothers (general - older and younger)	xiōngdì	兄弟
brother (younger)	dìdi	弟弟
brown	zōngsè; hèsè	棕色；褐色
brush	máobǐ	毛笔

brush teeth, to	shuāyá	刷牙
bucket	tǒng	桶
buckle	dàikòu; kòuhuán	带扣；扣环
Buddhism	fójiào	佛教
Buddhist statue	púsā; fóxiàng	菩萨；佛像
budget	yùsuàn	预算
buffet	zìzhùcān	自助餐
build, to	gài; jiàn	盖；建
builder	jiànzhùgōng(rén)	建筑工(人)
building contractor	yíngzàoshāng	营造商
building (general term)	jiànzhù	建筑
building (multi-storey or of large size)	lóufáng; dàlóu	楼房；大楼
buildings (domestic)	fángwū	房屋
building U.M.	suǒ; dòng	所；栋
building worker	jiànzhùgōng(rén)	建筑工(人)
bunch of	bǎ; kǔn	把；捆
burn	shāo	烧
bury, to	mái(zàng)	埋(葬)
bus	gōnggòngqìchē	公共汽车
business (wo)man	shāngrén	商人
busy	máng	忙
but	dànshì; kěshì	但是；可是
butcher shop	ròudiàn	肉店
butter	huángyóu; niúyóu	黄油；牛油
butterfly	húdié	蝴蝶
buttocks	pìgu	屁股
button	niǔkòu; kòuzi	纽扣；扣子
button, to	kòu(shang)	扣(上)
buy, to	mǎi	买

(...ed) by (passive voice)	bèi	被

C

C.A.A.C (General Admin. of Civil Aviation of China)	Zhōngguó Mínháng	中国民航
cabbage	bāo(xīn)cài	包(心)菜
cabbage and beef soup	báicài niúròutāng	白菜牛肉汤
cabbage (Chinese)	(Zhōngguó) báicài; qīngcài	(中国)白菜;青菜
cabbage (vase)	báicài	白菜
cadre (high level cadre)	gànbù (gāojí gànbù)	干部(高级干部)
cafeteria	cāntīng; xiǎochī diàn	餐厅;小吃店
cake	dàn'gāo	蛋糕
calendar	rìlì	日历
call	jiào	叫
called, be	jiào; jiàozuò	叫;叫做
call for the bill, to	suàn zhàng	算帐
calligraphy	shūfǎ	书法
callisthenics	tǐcāo	体操
camera	zhàoxiàngjī	照相机
cameraman	shèyǐng(shī)	摄影(师)
camera store	zhàoxiàngjīdiàn	照相机店
camping	yěyíng	野营
Canada	Jiā'nádà	加拿大
Canberra	Kānpéilā	堪培拉
candy	táng; tángguǒ	糖;糖果
can of	guàn	罐

can't help	méifázi; méibànfǎ	没法子；没办法
Cantonese	Guǎngdōnghuà	广东话
Cantonese food	Guǎngdōngcài	广东菜
capable	nénggàn	能干
capital	shǒudū; guódū	首都；国都
capital	zīběn	资本
capitalism	zīběnzhǔyì	资本主义
capsicum	qīngjiāo	青椒
car	qìchē; chēzi	汽车；车子
car accident	chēhuò	车祸
careful	xiǎoxīn	小心
careless	dàyì	大意
car park	tíngchēchǎng	停车场
carpet	dìtǎn	地毯
carport	chēpéng	车棚
carrot	húluóbo; hóngluóbo	胡萝卜；红萝卜
cars U.M.	liàng; bù	辆；部
carton of	tiáo; hé	条；盒
case of	xiāng	箱
cashier	chū'nàyuán	出纳员
cash (noun)	xiànjīn; xiànqián; xiànkuǎn	现金；现钱 现款
cassette tape	(héshì) lùyīndài	(盒式)录音带
cast, to	diū	丢
cat	māo	猫
catch a cold, to	zháoliáng	着凉
catch fire, to	zháohuǒ	着火
cauliflower	càihuā; huācài	菜花；花菜
cause, to	yǐnqǐ	引起
cause	yuányīn	原因
ceiling	tiānhuābǎn	天花板

celebrate the New Year, to	guò nián	过年
celery	qíncài	芹菜
cement	shuǐní	水泥
cent	fēn	分
centimetre	gōngfēn	公分
central heating	nuǎnqì	暖气
century	shìjì	世纪
certain	quèdìngde; wúyíde	确定的；无疑的
certainly	díquè; yídìng	的确；一定
certain (person, etc.), a	mǒu	某
chair	yǐzi	椅子
chairman	zhǔxí	主席
chalk	fěnbǐ	粉笔
change	huàn	换
change	língqián	零钱
change	gǎibiàn; biànhuà	改变
change into, to	huàn	换
change into, to	biànchéng	变成
character	zì; Hànzì	字；汉字
characters	Hànzì	汉字
chartered accountant	kuàijìshī	会计师
chat	tán	谈
chat, to	tántiān	谈天
cheap	piányi	便宜
cheers! bottoms up!	gānbēi	干杯
cheese	nǎilào	奶酪
chemistry	huàxué	化学
chemist's	yàodiàn; yàofáng	药店；药房
cheque (personal)	(sīrén)zhīpiào	（私人）支票
cherry	yīngtáo	樱桃

chest	xiōng(bù)	胸(部)
chest of drawers	yīguì	衣柜
chewing gum	kǒuxiāngtáng	口香糖
chicken	jī	鸡
child	(xiǎo)háizi	(小)孩子
Chile	Zhìlì	智利
chili	làjiāo	辣椒
chilled water	bīngshuǐ	冰水
China	Zhōngguó	中国
Chinatown	Tángrénjiē	唐人街
China Travel Service (C.I.T.S.)	Zhōngguó lǚxíng-shè	中国旅行社
Chinese class	Zhōngwén bān	中文班
Chinese Currency (RMB)	Rénmínbì	人民币
Chinese-English (dictionary)	Hàn-yīng (zìdiǎn)	汉英字典
Chinese food	Zhōngcān; Zhōngguó cài	中餐；中国菜
Chinese language	Zhōngwén	中文
Chinese language	Zhōngwén; Hànyǔ	中文；汉语
Chinese language (spoken)	Zhōngguóhuà	中国话
Chinese long dress (cheong sam)	qípáo	旗袍
Chinese medicine	Zhōngyī	中医
Chinese mile	(huá) lǐ	(华)里
Chinese New Year	Chūnjié; Zhōngguó xīnnián	春节；中国新年
Chinese painting	Zhōngguó huà	中国画
Chinese (people)	Zhōngguórén	中国人
Chinese (subject)	Zhōngwén; Hànyǔ	中文；汉语

Chinese tunic suit	Zhōngshānzhuāng	中山装
Ching (Manchu) Dynasty	Qīngcháo	清朝
chocolate	qiǎokèlì	巧克力
choose, to	xuǎnzé	选择
chopsticks	kuàizi	筷子
Christianity	jīdújiào	基督教
Christmas	shèngdànjié	圣诞节
Christmas tree	shèngdàn shù	圣诞树
chrysanthemum	júhuā	菊花
church	jiàotáng; jiàohuì	教堂；教会
cigarettes	(xiāng)yān	(香)烟
cigarettes U.M.	gēn	根
cigarettes U.M.	zhī (lit. 'branch')	支
cigars	xuějiā(yān)	雪茄(烟)
cinema	diànyǐngyuàn	电影院
cities	chéng(shì)	城(市)
civil servant	gōngwùyuán	公务员
classical item	gǔdiǎn yīnyuè	古典音乐
classmate	tóngxué	同学
classroom	jiàoshì; kèshì	教室；课室
clean, to	nòng gānjìng; gǎo gānjìng	弄干净
clean (adjective)	gānjìng	干净
clear	qíng	晴
clear, be	qīngchu	清楚
clear about, be	míngbai	明白
clerk	zhíyuán	职员
clever	cōngming	聪明
climate	qìhòu	气候
clinic	zhěnliáosuǒ	诊疗所
close by	jìn; fùjìn	近；附近

close (door or window)	guān	关
closet	yīchú	衣橱
cloth	bù	布
clothes	yīfu; yīshang	衣服；衣裳
clothes U.M.	jiàn	件
cloud	yún	云
(to become) cloudy	biàn yīntiān; zhuǎn duō yún	变阴天；转多云
cloudy	yīn(tiān)	阴（天）
coarse	cū	粗
coat	shàngyī	上衣
coca cola	kěkǒukělè	可口可乐
coconut	yézi	椰子
coffee	kāfēi	咖啡
coffee shop	kāfēi diàn; kāfēi guǎn	咖啡店；咖啡馆
coffee table	chájī	茶几
cold	lěng	冷
cold dish	lěngpán	冷盘
cold drink	lěngyǐn	冷饮
cold water	lěngshuǐ	冷水
collar	lǐngzi; yīlǐng	领子；衣领
colleague	tóngshì	同事
collect stamps	jíyóu	集邮
college	xuéyuàn	学院
colon	màohào	冒号
color television	cǎisè diànshì(jī)	彩色电视（机）
colour	yánsè	颜色
comb one's hair	shūtóu	梳头
come, to	lái	来
come back, to	huílai	回来

come down, to	xià	下
come down, to	xiàlai	下来
comedy	xǐjù	喜剧
come in, to	jìnlai	进来
come out, to	chūlái	出来
come up, to	shànglai	上来
comfortable	shūfu	舒服
comics	xiǎorénshū	小人书
comma	dòuhào	逗号
command, to	jiào	叫
commend, to	biǎoyáng	表扬
commerce	shāngyè	商业
commercial science	shāngxué	商学
common	pǔtōng	普通
common U.M. for persons and most objects	gè	个
Commonwealth	liánbāng	联邦
commune	gōngshè	公社
communism	gòngchǎnzhǔyì	共产主义
Communist (adj.)	gòngchǎn	共产
Communist Party	Gòngchǎndǎng	共产党
Communist Party member	Gòngchǎn dǎng-yuán	共产党员
company	gōngsī	公司
comparatively	bǐjiào	比较
compare, to	(gēn...) bǐ(jiào)	(跟…) 比(较)
compared to (eg. to be taller than X)	bǐ (eg. bǐ X gāo)	比(如：比×高)
comparing	gēn ... bǐ	跟…比
comparison	(gēn...) bǐ(jiào)	(跟…) 比(较)
compete, to	bǐsài	比赛

competition	jìngzhēng	竞争
competition	bǐsài	比赛
completed	hǎole	好了
completely	wánquán	完全
complex characters	fántǐzì	繁体字
complicated	fùzá	复杂
composition	zuòwén	作文
computer specialist	diànnǎo zhuānjiā	电脑专家
computer studies	diànnǎo kèchéng	电脑课程
comrade	tóngzhì	同志
concerning ...	guānyú	关于
concert	yīnyuèhuì	音乐会
concert hall	yīnyuètīng	音乐厅
conductor	shòupiàoyuán	售票员
conductor (orchestra or band)	zhǐhuī	指挥
conform with, to	shìhé	适合
congratulations	gōngxǐ	恭喜
conscientious	rènzhēn	认真
consider	yǐwéi; rènwéi	以为；认为
conspicuous	míngxiǎn	明显
construction site	gōngdì	工地
consulate	lǐngshìguǎn	领事馆
consult (a dictionary)	chá (zìdiǎn)	查(字典)
consult a doctor, to	kànbìng; kàn yīshēng	看病；看医生
contact, to	liánxì	联系
continent	(dà)zhōu	(大)洲
continue	jìxù	继续
contrary	xiāngfǎn	相反
convenient	fāngbiàn	方便

conversation	huìhuà	会话
cook	chúshī; chúzi	厨师;厨子
cook, to	zuòfàn	做饭
cook a meal	zuòfàn; zuòcài; nòng (colloquial)	做饭;做菜;弄
cook book	shípǔ	食谱
cooked rice	fàn	饭
cooking	pēngrèn; zuòcài	烹饪;做菜
cool	liáng(kuai)	凉（快）
co-operation	hézuò	合作
copy, to	chāoxiě	抄写
corner	guǎijiǎo	拐角
correct	duì	对
corridor	zǒuláng	走廊
cotton cloth	miánbù	棉布
cotton-padded jacket	mián'ǎo; miányī	棉袄;棉衣
cough	késou	咳嗽
count, to	shǔ	数
counties	xiàn	县
country	guójiā	国家
countryside	xiāngxià	乡下
County	Xiàn	县
course (of food)	dào; gè	道;个
cow	niú	牛
craft	gōngyì	工艺
cream	nǎiyóu	奶油
cream (colour)	rǔbáisè; nǎisè	乳白色;奶色
credit card	xìnyòngkǎ(piàn)	信用卡(片)
cricket	bǎnqiú	板球
cross country running	chángpǎo; yuèyě pǎobù	长跑;越野跑步
cross (the road), to	guò(mǎlù)	过(马路)

cry	jiào	叫
cry (with tears), to	kū	哭
Cuba	Gǔbā	古巴
cucumber	huángguā	黄瓜
cuff(links)	xiùkòu	袖扣
cultural	wénhuàde	文化的
Cultural Revolution	Wénhuà Dàgémìng	文化大革命
culture	wénhuà	文化
cup	bēi(zi)	杯(子)
cup of	bēi	杯
currency	qián; -bì	钱；—币
curry	gālí	咖喱
curtains	chuānglián	窗帘
cushion	diànzi; yǐdiàn	垫子；椅垫
custom	xíguàn	习惯
customer	gùkè	顾客
cut, to	jiǎn	剪
cut, to	jiǎn; nòngduàn	剪；弄断
cute	kěài	可爱
cut off (telephone), be	duànle	断了

D

dad	bàba	爸爸
daily paper	rìbào	日报
damaged	(dǎ)pòle	(打)破了
dance, to	tiàowǔ	跳舞
dance hall	wǔtīng	舞厅
danger(ous)	wēixiǎn	危险
(it's become) dark	tiān hēile	天黑了
dark	shēn(sè)	深(色)
Darwin	Dáěrwén	达尔文

dash	pòzhéhào	破折号
data	zīliào	资料
daughter	nǔér	女儿
day after tomorrow	hòutiān	后天
day before yesterday	qiántiān	前天
day break	tiānliàng(le)	天亮(了)
day dream	báirìmèng	白日梦
daylight saving time	xiàlìng shíjiān	夏令时间
day (of the month)	-hào	一号
days	tiān; rì	天；日
daytime	báitiān	白天
dead	sǐle	死了
December	shíèryuè	十二月
decide, to	pànjué	判决
decision	pànjué	判决
decorate, to	zhuāngshì	装饰
decrease, to	jiǎnshǎo	减少
deep	shēn	深
deep fried pancake	yóubǐng	油饼
deep fry, to	zhá	炸
deer	lù	鹿
defend, to	biànhù	辩护
defecate, to	dàbiàn	大便
definitely	díquè; yídìng	的确；一定
degrees	-dù	一度
delicious	hǎochī	好吃
deliver, to	sòng	送
democracy	mínzhǔ	民主
demonstration	shìwēi (yóuxíng)	示威(游行)
dentist	yáyī	牙医
department store	bǎihuò(shāng)diàn; bǎihuògōngsī	百货(商)店；百货公司

deputy headmaster	fùxiàozhǎng	副校长
descend, to	xià	下
desert	shāmò	沙漠
desk	shūzhuō; xiězìtái	书桌；写字台
desk lamp	táidēng	台灯
detach, to	nòng kāi	弄开
detailed	(jīng)xì	(精)细
detention	liúxiào	留校
(washing) detergent	xǐdíjì	洗涤剂
develop, to	zhǎng	长
develop, to	fāzhǎn	发展
dialect	fāngyán	方言
diarrhoea	lādùzi	拉肚子
dictation	tīngxiě	听写
dictionary	zìdiǎn; cídiǎn	字典；词典
did hear	tīngjiànle	听见了
did not hear	méitīngjiàn	没听见
did not see	méikànjiàn	没看见
die, to	sǐ	死
different	bùtóng; bùyíyàng	不同；不一样
difficult	nán	难
difficulties	kùnnan	困难
dignified	yánsù; zhuāngzhòng	严肃；庄重
dining hall (in a school or university etc.)	shítáng	食堂
dining room (in a home)	fàntīng	饭厅
dining room (in a hotel)	cāntīng; fàntīng	餐厅；饭厅
dinner	wǎnfàn	晚饭
diplomacy	wàijiāo	外交

diplomat	wàijiāoguān	外交官
direction	fāngxiàng; ...fāng	方向；…方
director (drama)	dǎoyǎn	导演
dirty	zāng	脏
disappointed	shīwàng	失望
disaster	zāinàn	灾难
disco	dísīkě yèzǒnghuì; dísīkě wǔtīng	狄斯可夜总会；狄斯可舞厅
disco	dísīkě	狄斯可
(to give) discount	(dǎ)zhékou	(打)折扣
discover, to	fāxiàn	发现
discovery	fāxiàn	发现
dishcloth	mābù; cāwǎnbù	抹布；擦碗布
dish of	dié	碟
dishwasher	xǐwǎnjī	洗碗机
distribute, to	fēnpèi; fēnsòng	分配；分送
dive, to	tiàoshuǐ	跳水
divided, be (people)	fēnbié	分别
divide into, to	fēn (chéng)	分(成)
divorced, be	líhūn	离婚
do, to	zuò	作
do a scientific experiment	zuò shíyàn	作实验
doctor (medical)	yīshēng; dàifu	医生；大夫
doctor (Ph.D)	bóshì	博士
doesn't fit	bùhéshì	不合适
doesn't matter	méiguānxi	没关系
dog	gǒu	狗
dollar (Chinese)	yuán; kuài (used in conversation)	元；块
dollars (Australian)	Àobì	澳币
dollars (U.S.A.)	Měiyuán; Měijīn	美元；美金

donkey	lǘ(zi)	驴(子)
don't mention it! there's no need to be polite	bié kèqi; bú(yòng) kèqi	别客气；不(用)客气
don't thank me!	búyòng xiè	不用谢
door	mén	门
doorbell	(mén)líng	(门)铃
doorway	ménkǒur	门口儿
double room (in a hotel)	shuāngrén fáng(jiān)	双人房(间)
do well (in exam)	kǎode búcuò	考得不错
downstairs	lóuxià	楼下
down to	xià	下
dozen of	dá	打
Dragonboat Festival	Duānwǔ jié	端午节
drama	xìjù	戏剧
draw, to (a picture)	huàhuàr	画画儿
drawer	chōuti	抽屉
dream, to	zuòmèng	作梦
dress	liányīqún; yáng-zhuāng	连衣裙；洋装
dress maker's	fúzhuāngdiàn	服装店
drink, to	hē	喝
drive (navigate), to	kāi	开
driver (of taxis, trucks, buses etc.)	sījī	司机
drizzle	máomáoyǔ; xiǎoyǔ	毛毛雨；小雨
drop, to	diào	掉
drop of	dī	滴
drought	hànzāi	旱灾
drunk	zuì; (hē)zuìle	醉；(喝)醉了
dry, to	cā gān	擦干

dry	gān; bùtián	干;不甜
dry clean	gānxǐ	干洗
dry cleaner	gānxǐdiàn	干洗店
(clothes) dryer	gānyījī	干衣机
dry in the sun, to	shàigān	晒干
duck	yā(zi)	鸭(子)
dumpling - boiled	shuǐjiǎo	水饺
dumpling (lightly fried)	guōtiēr	锅贴儿
dumpling (stuffed with meat, etc.)	jiǎozi	饺子
during the night	yèli	夜里
dust	huī(chén)	灰(尘)
duty	yìwù	义务
dynasty	cháo(dài)	朝(代)

E

each year	niánnián; měinián	年年;每年
ear	ěrduo	耳朵
early, be	zǎo	早
ear-rings	ěrhuán	耳环
earth	(tǔ)dì	(土)地
earthquake	dìzhèn	地震
east	dōng(fāng)	东(方)
East China Sea	Dōng Hǎi	东海
Easter	fùhuójié	复活节
easy	róngyì	容易
eat a meal, to	chī fàn	吃饭
eat and drink, to	chī gēn hē	吃跟喝
economics	jīngjìxué	经济学
economy	jīngjì	经济
edge	-páng; -biān	—旁;—边

editor	biānjí	编辑
educate, to	jiàoyù	教育
education	jiàoyù	教育
education system	jiàoyù zhìdù	教育制度
egg (boiled, fried, scrambled)	(jī)dàn (zhǔ, jiān, chǎo)	(鸡)蛋(煮、煎、炒)
egg plant	qiézi	茄子
egg slice	guōchǎn	锅铲
eight (8)	bā	八
elect, to	xuǎnjǔ	选举
election	xuǎnjǔ	选举
electric fan	diànshàn	电扇
electrician	diànjìshī; diàngōng	电技师；电工
electronic music	diànzǐ yīnyuè	电子音乐
elephant	xiàng	象
elevator	diàntī	电梯
embarrassed	bùhǎo yìsi	不好意思
embassy	dàshǐguǎn	大使馆
emperor	huángdì	皇帝
employee	gùyuán; zhíyuán	雇员；职员
end of school day	fàngxué	放学
engaged (telephone)	dǎbutōng	打不通
engineer	gōngchéngshī	工程师
England	Yīngguó	英国
English-Chinese (dictionary)	Yīng-hàn (zìdiǎn)	英－汉(字典)
English language	Yīngwén; Yīngyǔ	英文；英语
English Language (colloquial)	Yīngguóhuà	英国话
English literature	Yīngguó wénxué	英国文学
English (subject)	Yīngwén	英文

enough	gòu	够
enter, to	jìn	进
entertainment	yúlè	娱乐
enthusiastic about	duì...yǒu xìngqu	对…有兴趣
entirely	wánquán(de)	完全(的)
entirely not	wánquán bù	完全不
entrance	ménkǒur	门口儿
entrance exam	rùxué kǎoshì	入学考试
envelope	xìnfēng	信封
environs	fùjìn	附近
eraser	xiàngpí	橡皮
escalator	zìdòngfútī	自动扶梯
escape, to	táopǎo	逃跑
especial	tèbié	特别
especially	tèbié	特别
essay	wénzhāng	文章
essential	zhǔyào	主要
eucalyptus	yóujiālìshù; ānshù	尤加利树；桉树
Europe	Ōuzhōu	欧洲
even if	jiùshì	就是
evening	wǎnshang; yèwǎn	晚上；夜晚
evening dress	yèlǐfú	夜礼服
evening paper	wǎnbào	晚报
even more	gèng ...	更…
event	shìjiàn	事件
events U.M.	jiàn	件
everyday	tiāntiān; měitiān	天天；每天
every month	měi(ge) yuè	每(个)月
every morning	měitiān zǎoshang	每天早上
everyone	dàjiā; rénrén	大家；人人
every time	měicì	每次
every week	měi(ge) xīngqī	每(个)星期

everywhere	gèchù	各处
exaggerate, to	kuādà	夸大
examination	kǎoshì	考试
examine, to	kǎoshì	考试
exceedingly	fēicháng	非常
except for	chúle ... (yǐwài)	除了…（以外）
excessively	tài	太
exchange	huàn	换
excited	xīngfèn	兴奋
excited	jǐnzhāng	紧张
exclamation mark	jīngtànhào	惊叹号
excuse me!	duìbuqǐ	对不起
excuse me (followed by a question)	qǐngwèn; láojià	请问；劳驾
exercise, to	yùndòng	运动
exhausting	xīnkǔ	辛苦
exhibition	zhǎnlǎn (huì)	展览（会）
expensive	guì	贵
experience	jīngyàn	经验
experienced	yǒu jīngyàn	有经验
experiment, an	shíyàn	实验
explain, to	shuōmíng	说明
explanation	shuōmíng	说明
export	chūkǒu	出口
expression	huà	话
express mail	kuàixìn	快信
express (transport)	kuàichē	快车
extend, to	yáncháng; jiādà	延长；加大
extra-curricular activities	kèwài huódòng	课外活动
extremely	... jíle; fēicháng	…极了；非常
eye	yǎnjing	眼睛

eye-brow	méimáo	眉毛

F

face	liǎn	脸
facing	xiàng; wàng	向；往
facing	duì(zhe)	对(着)
factory	gōngchǎng	工厂
factory manager	chǎngzhǎng	厂长
fail, to	bùjígé	不及格
fairly	xiāngdāng	相当
fall down, to	diào	掉
false	jiǎde	假的
family	jiā	家
family (members)	jiā(shǔ)	家(属)
family name	xìng	姓
family room	xiūxishì	休息室
famous	yǒumíng(de)	有名的
far	yuǎn	远
farm (agricultural)	nóngchǎng	农场
farmer	nóngrén	农人
fashionable	shímáo	时髦
fast	kuài	快
fasten, to	jiēzài yìqǐ	接在一起
fat	pàng	胖
father	fùqin	父亲
Father Christmas	shèngdàn lǎorén	圣诞老人
fat person	pàngzi	胖子
fault	máobìng	毛病
fearful	kěpà	可怕
February	èryuè	二月
feel, to	juéde	觉得
felt tipped pen	zhāntóubǐ	毡头笔

female (of animals)	mǔ-	母一
fence	wéiqiáng; wéilán	围墙；围栏
festival	jiérì; jié	节日；节
few	jǐ(ge)	几(个)
(rice) field	(dào) tián	(稻)田
fifth (day of the month)	wǔhào	五号
fifth year	wǔniánjí	五年级
finally	zuìhòu	最后
final particle	le; la; ma; me; na; ya; de	了；啦；嘛；么；哪；呀；的
final / question particle	a	啊
final / question particle (indicating suggestion or mild command)	ba	吧
fine	hǎo	好
fine	(jīng)xì	(精)细
fine arts	měishù	美术
finger	shǒuzhǐ	手指
finish class, to	xià kè	下课
finish doing	zuòwán	作完
finishing soon	kuàiwánle	快完了
fire, a	huǒzāi	火灾
fire	huǒ	火
fire engine	jiùhuǒchē	救火车
fireman	xiāofáng(rén)yuán	消防(人)员
first ... and only then ...	xiān ... cái ...	先····才····
first (day of the month)	yīhào	一号

first month (lunar)	zhēngyuè	正月
first name	míngzi	名字
first of all	shǒuxiān	首先
first period (etc.)	dìyījié kè	第一节课
first ... then ...	xiān ... zài ...	先……再……
first time, the	dìyícì; tóuyícì	第一次；头一次
first tone	dìyī shēng	第一声
first year	yīniánjí	一年级
fish	yú	鱼
fish, to	diào yú	钓鱼
fisherman	yúfū	渔夫
fish shop	yúdiàn	鱼店
fish U.M.	tiáo	条
fit, to	héshì	合适
fit, to	shìhé	适合
fitting room	shìchuānfáng	试穿房
five (5)	wǔ	五
fix, to	xiūlǐ	修理
fixed	xiūlǐhǎole	修理好了
flags U.M.	miàn	面
flat (housing)	gōngyù	公寓
flatter, to	kuājiǎng	夸奖
flesh	ròu	肉
flies	cāngyíng	苍蝇
flood	shuǐzāi	水灾
(ground) floor	(yī) lóu	(一)楼
floor	dìbǎn	地板
florist shop	huādiàn	花店
flow, to	liú(dòng)	流(动)
flower	huā(r)	花(儿)
flowers U.M.	duǒ	朵
fluorescent light	rìguāngdēng	日光灯

fly, to	fēi	飞
fog	wù	雾
fold, a	zhé	折
folk songs	mín'gē	民歌
food (edibles)	shíwù	食物
food (provisions)	liángshí	粮食
foot	jiǎo	脚
footpath	rénxíngdào	人行道
foot race	sàipǎo; jìngzǒu	赛跑；竞走
for a long time	hěn / hǎo jiǔ	很／好久
Forbidden City	Gùgōng	故宫
forceful	yǒulì	有力
for certain	yídìng	一定
foreign	wàiguó(de)	外国(的)
foreigner	wàiguórén	外国人
Foreign Exchange Certificates	wàihuìquàn	外汇券
foreign language	wàiwén; wàiyǔ	外文；外语
foreign language (colloquial)	wàiguóhuà	外国话
foreign trade	duìwài màoyì	对外贸易
foreman	gōngtóu; lǐngbān	工头；领班
forenoon	shàngwǔ	上午
forest	shùlín	树林
for example	bǐfāng shuō	比方说
forget, to	wàng(jì)	忘(记)
forgive, to	yuánliàng; ráoshù	原谅；饶恕
fork	chā(zi)	叉子
form	xíngshì	形式
for sure	yídìng	一定
for the first time	dìyícì; tóuyícì	第一次；头一次
for the most part	duōbàn	多半

for (the sake of)	wèi; wèile	为；为了
found, be	zhǎodào	找到
four (4)	sì	四
four modernizations, the	sìhuà	四化
four seasons, the	sìjì	四季
fourth (day of the month)	sìhào	四号
fourth tone	dìsì shēng	第四声
fourth year	sìniánjí	四年级
fox	húli	狐狸
fracture (of a bone)	gǔzhé	骨折
frame (of a person)	gèzi	个子
France	Fàguó; Fǎguó	法国
freedom	zìyóu	自由
freeway	gāosùgōnglù	高速公路
fresh	xīnxiān	新鲜
Friday	xīngqīwǔ	星期五
friend	péngyou	朋友
friendly	yǒuhǎo	友好
Friendship store	yǒuyì shāngdiàn	友谊商店
from	cóng	从
(separated) from	lí	离
from beginning to end	cóngtóu dàowěi	从头到尾
from now on	cóngjīn yǐhòu	从今以后
from now on	yǐhòu	以后
front	qiántou; qiánbian	前头；前边
front	-qián	—前
front entrance	qiánmén	前门
frozen	bīng dòng(de)	冰冻(的)
fruit	shuǐguǒ	水果

fruit juice	guǒzhī	果汁
full, be	bǎo	饱
full	mǎn	满
full name	xìngmíng	姓名
full (sated)	bǎo	饱
full stop	jùhào	句号
fundamental	jīběnde	基本的
funny	hǎoxiào	好笑
fur	máopí	毛皮
furniture	jiāju	家具
furniture store	jiājudiàn	家县店

G

gallon	jiālún	加仑
Gang of Four	Sìrénbāng	四人帮
garage	chēfáng; qìchējiān	车房；汽车间
garden	huāyuán	花园
gardener	yuándīng; huājiàng	园丁；花匠
gardening	yuányì	园艺
garlic	suàn	蒜
garments U.M.	jiàn	件
gas	méiqì	煤气
Gate of Heavenly Peace	Tiānānmén (guǎngchǎng)	天安门(广场)
general alcoholic beverages	jiǔ	酒
general (eg. maths)	pǔtōng-	普通一
generally	dàgài	大概
(one) generation	yídài	一代
gentle	héqì	和气
geography	dìlǐ	地理
geometry	jǐhé	几何

Germany	Déguó	德国
get off, to	xià	下
get on, to	shàng	上
get up, to	qǐlai	起来
get up (from bed), to	qǐlai; qǐchuáng	起来；起床
get used to, to	xíguàn	习惯
gift	lǐwù; lǐpǐn	礼物；礼品
ginger	jiāng	姜
giraffe	chángjǐnglù	长颈鹿
girl	nǚháizi	女孩子
girl friend	nǚpéngyou	女朋友
give, to	gěi	给
give (a present), to	sòng (lǐ) gěi ...	送(礼)给…
give a talk, to	jiǎnghuà	讲话
give a test, to	yǒu xiǎokǎo	有小考
give back, to	huán ...	还
give birth, to	shēng	生
give (change), to	zhǎo	找
given name	míngzi	名字
give to, to	gěi	给
glass	bēi(zi); bōlibēi	杯子；玻璃杯
glass	bōli	玻璃
glasses	yǎnjìng	眼镜
gloves	shǒutào	手套
glue, to	tiē; zhān	贴；粘
go, to	qù; zǒu	去；走
go back, to	huíqu	回去
God	shàngdì; tiānzhǔ	上帝；天主
god (idol)	shén	神
go down, to	xiàqu	下去
go in, to	jìnqu	进去

golden	jīn(huáng)sè	金(黄)色
goldfish	jīnyú	金鱼
golf	gāo'ěrfūqiú	高尔夫球
good	hǎo	好
good at...	hěn huì...	很会…
good-bye	zàijiàn	再见
good day	nín hǎo (formal); nǐ hǎo	您好;你好
good deal of, a	hǎoxiē; hěnduō	好些;很多
good evening	wǎn'ān	晚安
good-looking	hǎokàn	好看
good morning	zǎo'ān; nǐ/nín zǎo	早安;你／您早
good night	wǎn'ān	晚安
go on a picnic, to	yěcān	野餐
go on a trip, to	qù lǚxíng	去旅行
go out, to	chūqu	出去
go to, to	dào	到
go to a restaurant, to	shàng guǎnzi	上馆子
go to bed, to	shàngchuáng	上床
go to meet someone, to	yíngjiē	迎接
go to plays, to	kàn huàjù	看话剧
go to sleep, to	shuìjiào	睡觉
go to the movies, to	kàn diànyǐng	看电影
go to the opera, to	kàn gējù	看歌剧
go to the toilet, to	shàng cèsuǒ	上厕所
go up, to	shàng	上
go up, to	shàngqu	上去
government	zhèngfǔ	政府
grab, to	zhuā	抓
gradually	jiànjiànde	渐渐地

graduate, to	bìyè	毕业
gram	gōngfēn	公分
grammar	wénfǎ; yǔfǎ	文法；语法
granddaughter	sūnnǚér	孙女儿
grandfather (maternal)	wàizǔfù	外祖父
grandfather (paternal)	zǔfù	祖父
grandmother (maternal)	wàizǔmǔ	外祖母
grandmother (paternal)	zǔmǔ	祖母
grandpa	yéye	爸爸
grandson	sūnzi	孙子
grape	pútao	葡萄
graphics	tú'ànshèjì	图案设计
grass	cǎo	草
gratuity	xiǎofèi	小费
Great Hall of the People, the	Rénmín Dàhuìtáng	人民大会堂
Great Wall	(Wànlǐ) Cháng-chéng	(万里)长城
Greece	Xīlà	希腊
green	lùsè	绿色
green (Chinese) tea	lùchá	绿茶
greengrocer's	càipù; qīngcàidiàn	菜铺；青菜店
green peas	wāndòu	豌豆
green pepper	qīngjiāo	青椒
greet, to	(gēn...) dǎ zhāohu	(跟)…打招呼
grey	huīsè	灰色
group of	qún	群
grow, to	zhǎng	长

grow rice, to	zhòng dàozi	种稻子
guest	kèrén	客人
guide	xiàngdǎo; péitóng	向导；陪同
guilty	yǒuzuì	有罪
guitar	jítā	吉他
gymnastics	tǐcāo	体操

H

habit	xíguàn	习惯
hail	báo(zi)	雹(子)
hail, to	xiàbáo(zi)	下雹(子)
hair (body)	máo	毛
hairdresser	lǐfàshī; měiróngshī	理发师；美容师
hairdresser's shop	měifàdiàn; lǐfàdiàn	美发师；理发店
hair (head)	tóufa	头发
half	bàn(ge)	半(个)
half a day	bàntiān	半天
half a month	bàn'ge yuè	半个月
half-an-hour	bàn'ge zhōngtóu	半个钟头
half-past ...	... diǎn bàn (zhōng)	…点半(钟)
half year	bànnián	半年
ham	huǒtuǐ	火腿
hammer	chuízi	锤子
hand	shǒu	手
handbag	shǒutíbāo	手提包
handkerchief	shǒupà; shǒujin	手帕；手巾
hand over, to	jiāogěi	交给
handsome	hǎokàn	好看
handy	fāngbiàn	方便
handyman	zágōng; shǒuqiǎode rén	杂工；手巧的人
Han Dynasty	Hànchāo	汉朝

hang, to	guà	挂
hang out the clothes, to	liàng yīfu; shài yīfu	凉衣服；晒衣服
happen, to	fāshēng	发生
happy	gāoxìng; kuàilè	高兴；快乐
hard	xīnkǔ	辛苦
hard	yìng	硬
hard	nán	难
hardly any	jīhū méiyǒu	几乎没有
hardware store	wǔjīnháng	五金行
hard working	nǔlì	努力
hard working	nǔlì	努力
hate, to	hèn	恨
have, to	yǒu	有
have a bath or shower, to	xǐzǎo	洗澡
have a cold, to	gǎnmào; zháoliáng	感冒；着凉
have a date with ..., to	gēn ... yǒu yuēhuì	跟…有约会
have a fever, to	fāshāo	发烧
have a party, to	kāi wǔhuì; qǐng kè	开舞会；请客
have arranged, to	yuēhǎo	约好
have arrived, to	dàole	到了
have bad luck	dǎoméi	倒霉
have found, to	zhǎodào	找到
have free time, to	yǒu kòng	有空
have friends around, to	... lái wánr	…来玩儿
have heard, to	tīngjiànle	听见了
have heard, to	tīngdào; tīngjiàn	听到；听见
have not heard	méitīngjiàn	没听见
have not seen	méikànjiàn	没看见

haven't seen you for ages	hǎo jiǔ bújiàn	好久不见
have seen, to	kànjiànle	看见了
Have you eaten yet? (="hello", said around mealtimes)	chīguole ma? chīguole méiyou?	吃过了吗？ 吃过了没有？
he	tā	他
head	tóu	头
headache	tóuténg	头疼
headmaster	xiàozhǎng	校长
Is	tóu	头
health	jiànkāng	健康
healthy (for people)	shēntǐ hǎo	身体好
hear, to	tīng	听
hear but not understand, to	tīngbudǒng	听不懂
heard, be	tīngdedào	听得到
heart	xīn	心
heater	huǒlú; nuǎnlú; nuǎnqì	火炉；暖炉； 暖气
heaven	tiāntáng	天堂
heavy	zhòng	重
hectare	gōngqǐng	公顷
He gave me a det	tā liú wǒde táng; fá wǒ liúxiào	他留我的堂；罚 我留校
height	gāoǎi; gāodù	高矮；高度
hell	dìyǔ	地狱
hello	nín hǎo (formal); nǐ hǎo	您好；你好
hello	wèi	喂
help, to	bāngmáng; bāngzhù	帮忙；帮助
helper	bāngshǒu	帮手

help yourself, to	zìjǐ lái	自己来
her	tā	她
here	zhèlǐ; zhèr	这里；这儿
hifi	gāodùchuánzhēn	高度传真
high	gāo	高
high jump	tiàogāo	跳高
high school	zhōngxué	中学
high school first year	zhōngxué yīniánjí	中学一年级
high school student	zhōngxuéshēng	中学生
highway	gōnglù	公路
hiking	túbùlǚxíng	徒步旅行
hill	(xiǎo)shān	(小)山
him	tā	他
historical period	shídài	时代
history	lìshǐ	历史
hobby	àihào	爱好
hockey	qūgùnqiú	曲棍球
hold a dinner party, to	qǐng chīfàn	请吃饭
hold a meeting, to	kāihuì	开会
home	jiā	家
home owner	fángzhǔ; wūzhǔ	房主；屋主
hometown	gùxiāng	故乡
homework	kèwài zuòyè; jiātíng zuòyè	课外作业；家庭作业
homework diary	zuòyè rìjì	作业日记
honest	lǎoshí	老实
Hong Kong	Xiānggǎng	香港
hope, to	xīwàng	希望
horror movie	kǒngbù diànyǐng	恐怖电影
hors d'oeuvres	pīnpán	拼盘
horse	mǎ	马

horse race	sàimǎ	赛马
horses U.M.	pǐ	匹
hospital	yīyuàn	医院
host	zhǔrén	主人
hot	rè	热
hot (boiling)	tàng	烫
hot drink	rè yǐn	热饮
hotel	lǚguǎn; (dà)fàn-diàn; jiǔdiàn	旅馆；(大)饭店；酒店
hot (spicy)	là	辣
hot water	rèshuǐ	热水
hour	xiǎoshí; zhōngtóu	小时；钟头
house	fángzi	房子
houses	fángwū	房屋
house U.M.	suǒ; dòng	所；栋
housewife	jiātíng zhǔfù; jiātíng fùnǚ	家庭主妇；家庭妇女
how	zěnme (yàng)	怎么(样)
How are you ?	nǐ/nín hǎo (ma) ?	你／您好(吗)？
How do you do ?	nín hǎo (formal); nǐ hǎo	您好；你好
however	dànshì; kěshì	但是；可是
How far ?	duō yuǎn ?	多远？
How long ? (time)	duō jiǔ ?	多久？
How long ? (length)	duō cháng ?	多长？
How many ?	duōshao	多少
How many ? (less than ten)	jǐ(ge)	几(个)
How many subjects?	jǐménkè; jǐkē	几门课；几科
How much?	duōshao	多少
How much (does it cost)?	duōshao qián	多少钱

How much (money)?	duōshao (qián)	多少（钱）
how terrible	zāogāo	糟糕
human-being	rén	人
hundred (100)	(yì) bǎi	（一）百
hungry, be	è	饿
hurdles	tiàolán	跳栏
hurry	gǎn kuài	赶快
hurry up, to	gǎn kuài	赶快
husband	zhàngfu; xiānsheng	丈夫；先生
husband and wife	fūqī; fūfù	夫妻；夫妇
husband or wife (P.R.C.)	àiren	爱人
hygiene	wèishēng	卫生
hygienic	wèishēng	卫生
hymn	shèngshī	圣诗

I

I	wǒ	我
ice	bīng	冰
icecream	bīngqílín	冰淇淋
ice skating	huábīng	滑冰
icy pole	bīngbàng; bīnggùnr	冰棒；冰棍儿
ideal	lǐxiǎng	理想
I don't deserve it (after compliment)	bùgǎndāng	不敢当
if	rúguǒ; yàoshì	如果；要是
I gave her a det	wǒ fá tā liú táng/xiào	我罚她留堂／校
I have troubled you	dǎjiǎo (nǐ) le; máfan nǐ le	打搅（你）了；麻烦你了
illness	bìng	病
immediately	lìkè; mǎshàng	立刻；马上

immediately	jiù	就
Imperial Palace	Gùgōng	故宫
impolite, be	méi(yǒu) lǐmào	没(有)礼貌
import	jìnkǒu	进口
important	zhòngyào	重要
important	jǐnjí; yàojǐn	紧急;要紧
in	zài	在
in addition to that	háiyǒu; (lit.) cǐwài	还有;此外
in a moment	yīhuìr	一会儿
in a short while	yīhuìr	一会儿
incident	shìjiàn	事件
incorrect	cuò; búduì	错;不对
increase, to	zēngjiā	增加
Indian Ocean	Yìndùyáng	印度洋
Indonesia	Yìndùníxīyà; Yìnní	印度尼西亚;印尼
industrious	nǔlì	努力
industry	gōngyè	工业
in fact	shízài; quèshí	实在;确定
influence	yǐngxiǎng	影响
influenza	liúxíngxìng gǎnmào	流行性感冒
inform, to	gàosu	告诉
inform, to	tōngzhī	通知
in good spirits	jīngshén hǎo	精神好
injection	dǎ zhēn	打针
injured	shòushāng	受伤
injured, be	shòushāng	受伤
ink	mòshuǐ	墨水
ink-stick	mò	墨
ink-stone	yàntái	砚台
inn	lǚguǎn; (dà)fàndiàn; jiǔdiàn	旅馆;(大)饭店; 酒店
innocent	wúzuì	无罪

in other words	huànjùhuà shuō	换句话说
in place of	(dài)tì	(代)替
in reality	shíjìshang	实际上
insect	chóng(zi)	虫(子)
inside	lǐtou; lǐbian	里头；里边
inside (suffix)	-lǐ; -zhōng; -nèi	—里；—中；—内
inspect, to	cānguān; fǎngwèn	参观；访问
institute	xuéyuàn	学院
intellectual	zhīshifènzǐ	知识分子
intelligent	cōngming	聪明
intention	yòngyì; mùdì	用意；目的
interested in, be	duì...yǒu xìngqù	对···有兴趣
interesting	yǒu yìsi	有意思
internal medicine	nèikē	内科
international	guójì	国际
international call	guójì diànhuà	国际电话
interpreter	fānyì	翻译
intersection	(shízì)lùkǒu	(十字)路口
in that way	nàme; nàyàng	那么；那样
in the beginning	qǐtóu; kāishǐ de shíhou	起头；开始的 时候
in the future	jiānglái	将来
in the holidays	fàngjià de shíhou	放假的时候
in the midst of -ing	zhèngzài	正在
in the past	guòqù; cóngqián	过去；从前
in this way	zhème; zhèyàng	这么；这样
introduce, to	jièshào	介绍
introduce A to B, to	bǎ A jièshào gěi B	把A介绍给B
invent, to	fāmíng	发明
invention	fāmíng	发明
inverted commas	yǐnhào	引号
investigate, to	diàochá	调查

invite, to	(yāo)qǐng	(邀)请
invite someone to dinner, to	qǐngkè	请客
Ireland	Àiěrlán	爱尔兰
iron, an	yùndǒu	熨斗
iron	tiě	铁
iron clothes, to	tàng yīfu	烫衣服
irritating	tǎoyàn	讨厌
is	shì	是
Is it all right ?	kěyǐ ma ?	可以吗？
Is it fine ?	kěyǐ ma ?	可以吗？
island	(hǎi)dǎo	(海)岛
it	tā	它
Italy	Yìdàlì	意大利
it's nothing	méishénme	没什么
I will	hǎode	好的

J

jacket	shàngyī	上衣
jail	jiānyù	监狱
jam	guǒjiàng	果酱
January	yīyuè	一月
Japan	Rìběn	日本
jasmine tea	(mòlì)huāchá	(茉莉)花茶
jealous, be	jìdù	忌妒
jeans	niúzǎikù	牛仔裤
jewellery	zhūbǎo	珠宝
jewellery shop	zhūbǎodiàn	珠宝店
job	gōngzuò	工作
joggers	qiúxié	球鞋
jogging	pǎobù; mànpǎo	跑步；慢跑
journalist	jìzhě	记者

judge	fǎguān	法官
July	qīyuè	七月
jumper	máoyī	毛衣
June	liùyuè	六月
junior school (years 7-9)	chūzhōng	初中
just	gāngcái	刚才
just about	chàbuduō	差不多
just right	gānghǎo	刚好

K

kangaroo	dàishǔ	袋鼠
keen about	duì...yǒu xìngqù	对…有兴趣
keep goldfish, to	yǎng jīnyú	养金鱼
keep pet birds, to	yǎng niǎo	养鸟
kettle	kāishuǐhú	开水壶
kettle of	hú	壶
key	yàoshi	钥匙
kill, to	shā; shāsǐ	杀；杀死
kilogramme	gōngjīn	公斤
kilometre	gōnglǐ	公里
(he is) kind	(tāde) xīn hǎo; (tā) rén hǎo	(他的)心好；(他)人好
kind	zhǒnglèi	种类
kindergarten	yòu'éryuán	幼儿园
kind of	zhǒng; lèi	种；类
kind to	duì...hǎo	对…好
king	guówáng	国王
kitchen	chúfáng	厨房
knife	dāo(zi)	刀(子)
knife and fork	dāochā	刀叉
knobs	zhuànniǔ	转纽

knock (at the door), to	qiāo(mén)	敲门
know, to	zhīdao	知道
know about, to	zhīdao; xiǎode	知道；晓得
know (from learning), to	huì	会
knowledge	zhīshi	知识
know off by heart, to	néngbèi	能背
koala	shùxióng	树熊
Korea	Cháoxiān; Hánguó	朝鲜；韩国

L

laboratory	shíyànshì	实验室
Labor Party	Gōngdǎng	工党
labourer	gōngrén	工人
lace (border)	huābiān; shìdài	花边；饰带
lake	hú	湖
lamb	yángròu	羊肉
lamp	(diàn)dēng	（电）灯
land	(tǔ)dì	（土）地
lane	xiàng(zi)	巷（子）
language	yǔyán	语言
Lantern Festival, the	Dēngjié	灯节
large	dà	大
large animals (cows, pigs) U.M.	tóu; zhī	头，只
last month	shàng(ge) yuè	上（个）月
last one	zuìhòude (yíge)	最后的（一个）
last time, the	zuìhòu yícì	最后一次
last week	shàng(ge) xīngqī	上（个）星期
last year	qùnián	去年

late, be	wǎn	晚
late	wǎn	晚
(three days) later	(sāntiān) yǐhòu	(三天)以后
later on	yǐhòu	以后
later on	ránhòu	然后
Latin America	Lādīng Měizhōu	拉丁美洲
laugh, to	xiào	笑
laundry	xǐyījiān	洗衣间
law	fǎlǜ	法律
law court	fǎyuàn	法院
lawn	cǎodì	草地
lawn mower	chúcǎojī	锄草机
lawyer	lǜshī	律师
lazy	lǎn(duò)	懒(惰)
leaf	(shù)yè	(树)叶
leap year	rùnnián	闰年
learn, to	xuéxí	学习
leather	pí	皮
leather	pí(gé)	皮革
leave, to	líkāi; zǒu	离开；走
leave (a place), to	líkāi	离开
lecturer	jiǎngshī	讲师
left	zuǒ(bian)	左(边)
left	-zuǒ	—左
leg	tuǐ	腿
legal studies	fǎlǜxué	法律学
lemon	níngméng	柠檬
lemonade	níngméngqìshuǐ	柠檬汽水
lend, to	jiè	借
lend (money) to, to	jiè(qián)gěi...	借(钱)给…
length	chángduǎn; cháng-dù	长短；长度

lengthen, to	yáncháng; jiādà	延长；加大
lesson	kè	课
less than	... yǐxià	…以下
let me pay !	ràng wǒ fù ba !	让我付吧
letter	xìn	信
letter (alphabet)	zìmǔ	字母
letter paper	xìnzhǐ	信纸
letters U.M.	fēng	封
lettuce	shēngcài	生菜
liberalism	zìyóuzhǔyì	自由主义
Liberal Party	Zìyóudǎng	自由党
liberation	jiěfàng	解放
librarian	túshūguǎn(guǎnlǐ)-yuán	图书馆（管理）员
library	túshūguǎn	图书馆
lichee	lìzhī	荔枝
lie down, to	tǎng	躺
lift	diàntī	电梯
light	liàng	亮
light	qiǎn(sè)	浅(色)
light	(diàn)dēng	(电)灯
light	qīng	轻
light a fire, to	diǎn huǒ	点火
lighter	dǎhuǒjī	打火机
lightning	shǎndiàn	闪电
like, to	xǐhuan	喜欢
line	...háng	…行
linen	mábù; yàmábù	麻布；亚麻布
lion	shīzi	狮子
(make out a) list	(kāi) dānzi	(开)单子
listen, to	tīng	听

listen to records/ tapes, to	tīng chàngpiàn/ lùyīndài	听唱片／录音带
listen to the radio, to	tīng shōuyīnjī	听收音机
literature	wénxué	文学
litre	gōngshēng	公升
little	shǎo	少
little by little	yìdiǎn yìdiǎn de; jiànjiànde	一点一点的；渐渐的
little faster, a	kuài (yì)diǎr	快一点儿
little less, a	shǎo yìdiǎr	少一点儿
little more, a	duō yìdiǎr	多一点儿
little (of), a	yìdiǎr; yìxiē	一点儿；一些
little (some), a	yīxiē	一些
little while ago, a	gāngcái	刚才
live in/at, to	zhù(zài)	住(在)
lively	huópo	活泼
living room	kètīng	客厅
local people	běndìrén	本地人
location	dìfang	地方
lock, a	suǒ	锁
lock the door, to	suǒmén	锁门
lonely	jìmò; jímò	寂寞
long	cháng	长
long distance call	chángtú diànhuà	长途电话
long for, to	hěn xiǎngniàn	很想念
long jump	tiàoyuǎn	跳远
Long March	Chángzhēng	长征
long objects U.M.	tiáo	条
long time, a	hěn jiǔ	很久
long time ago, a	hěnjiǔ yǐqián	很久以前
look, to	kàn	看

look alike	xiàng	像
look for, to	zhǎo	找
look for work, to	zhǎo gōngzuò	找工作
look out, to	dāngxīn	当心
loose	sōng; dàle	松;大了
loose change	língqián	零钱
lose, to	shū	输
lose, to	diū	丢
lose one's temper, to	fā píqi	发脾气
lose weight, to	shòule	瘦了
loss	kuīsǔn	亏损
lot more, a	duōdeduō	多得多
(in a) loud voice	dàshēng	大声
lounge room	kètīng	客厅
love	ài	爱
loveable	kěài	可爱
low	dī	低
lower part, the	xiàtou; xiàbian	下头;下边
lower part	-xià	一下
(good) luck	(hǎo) yùnqì	(好)运气
luckily	xìngkuī	幸亏
luggage	xíngli	行李
lump of	kuài	块
lunar calendar	yīnlì	阴历
lunch	zhōngfàn; wǔfàn	中饭;午饭
lung	fèi(bù)	肺(部)
lung cancer	fèi'ái	肺癌

M

Macau	Àomén	澳门
machine	jīqì	机器

machines U.M.	jià	架
machinist	jīxièshī; jìgōng	机械师；技工
madam	nǚshì; fūren	女士；夫人
made of...	...zuòde	做 的
magazine	zázhì	杂志
magazines U.M.	běn	本
mail, to	jì	寄
mainland	dàlù	大陆
majority, the	dàbàn; duō shù	大半；多数
make, to	zuò	做
make a mistake (in speaking), to	shuōcuò	说错
make an appointment, to	yuē	约
make a reservation, to	yùdìng	预订
make a speech, to	jiǎnghuà	讲话
make coffee, to	nòng kāfēi	弄咖啡
make friends, to	jiāo péngyou	交朋友
make tea, to	pào chá; qī chá	泡茶；沏茶
make the bed, to	pūchuáng	铺床
Malaysia	Mǎláixīyà	马来西亚
male- (of animals)	gōng-	公 —
man	rén	人
man	nánrén; nánde	男人；男的
manager	jīnglǐ	经理
manager	lǎobǎn	老板
mandarin	júzi	橘子
mango	mángguǒ	芒果
many	hěnduō; xǔduō	很多；许多
maotai (a strong Chinese spirit)	máotáijiǔ	茅台酒

Mao Zedong's Mausoleum	Máo Zédōng Jìniàntáng	毛泽东纪念堂
map	dìtú	地图
March	sānyuè	三月
market	(cài)shìchǎng	（菜)市场
marks	...fēn	···分
married, be	jiéhūn	结婚
masses, the	qúnzhòng	群众
master, to	xuéhuì	学会
matches	huǒchái	火柴
matching suit of...	gēn...chéngtào	跟········成套
material	liàozi	料子
material	zīliào	资料
mathematics	shùxué	数学
May	wǔyuè	五月
may I ask	qǐngwèn; láojià	请问；劳驾
May I help you ?	wǒ kěyǐ bāng (nǐde) máng ma?	我可以帮（你的)忙吗？
may I introduce myself	ràng wǒ zìjǐ jièshào	让我自己介绍
may I trouble you to...	máfan nǐ...	麻烦你···
me	wǒ	我
meals U.M.	dùn; cān	顿；餐
meaning	yìsi	意思
meat	ròu	肉
mechanic	jīxièshī; jìgōng	机械师；机工
medicine	yào	药
Mediterranean Sea	Dìzhōnghǎi	地中海
meet (each other), to	jiànmiàn	见面
meeting	huì(yì)	会(议)

Melbourne	Mòěrběn	墨尔本
memorize, to	jì(zhù)	记(住)
mend, to	xiūbǔ	修补
menstrual cycle	yuèjīng	月经
menu	càidān	菜单
method	fāngfǎ	方法
methodical(ly)	yǒutiáoyǒulǐ(de)	有条有理(地)
metre	gōngchǐ; mǐ	公尺；米
Mexico	Mòxīgē	墨西哥
microwave, to	yòng wēibōlú zuò	用微波炉做
microwave oven	wēibōlú	微波炉
Mid-Autumn Festival	Zhōngqiūjié	中秋节
mid-day	zhōngwǔ	中午
middle	zhōngjiān	中间
middle-aged person	zhōngnián rén	中年人
(in the) middle of the night	bànyè	半夜
mid-night	wǔyè	午夜
miles	yīnglǐ	英里
military (affairs)	jūnshì	军事
milk	niúnǎi	牛奶
milk, to	jǐ'nǎi	挤奶
millimetre	gōnglí	公厘
mind	xīn	心
miner	kuànggōng	矿工
mineral water	kuàngquánshuǐ	矿泉水
Ming Dynasty	Míngcháo	明朝
Ming Tombs	Shísānlíng; Míng-líng	十三陵；明陵
mining	kuàngyè	矿业
minister	bùzhǎng	部长

Ministry of Education	Jiàoyùbù	教育部
Ministry of Foreign Affairs	Wàijiāobù	外交部
minority, the	xiǎobàn; shǎoshù	小半；少数
minus	jiǎn	减
minutes	fēn	分
mirror	jìngzi	镜子
mischievous	táoqì; tiáopí	淘气；调皮
Miss	xiǎojie	小姐
mist	wù	雾
mistake(s)	cuò(wù)	错（误）
modern literature	xiàndài wénxué	现代文学
Monday	xīngqīyī; lǐbàiyī	星期一；礼拜一
money	qián	钱
monk (Buddhist)	héshàng	和尚
monk (Catholic)	xiū(dào)shì	修（道）士
monkey	hóuzi	猴子
month	yuè	月
Monument to the People's Heroes	Rénmín Yīngxióng jìniànbēi	人民英雄纪念碑
moon	yuè(liàng)	月（亮）
more and more ...	yuè lái yuè ...	越来越…
more or less	chàbuduō ...	差不多…
more than	chāoguò	超过
more than ...	bǐ ... duō	比…多
(the) more the better	yuèduō yuèhǎo	越多越好
(the) more ... the more ...	yuè ... yuè ...	越…越
morning	zǎoshang; zǎochén	早上；早晨
morning paper	zǎobào	早报

mosquito	wénzi	蚊子
most	zuì	最
most	dàbùfèn	大部份
most probably	duōbàn	多半
mother	mǔqin	母亲
motorbike	mótuō chē	摩托车
(high) mountain	gāoshān; dàshān	高山；大山
mountain climbing	páshān	爬山
mountains U.M.	zuò	座
mouse	lǎoshǔ	老鼠
moustache	húzi	胡子
mouth	kǒu; zuǐ(ba)	口；嘴(吧)
move, to	bān	搬
move (house), to	bān(jiā)	搬(家)
movie	diànyǐng	电影
movie star	míngxīng	明星
movie theatre	diànyǐngyuàn	电影院
Mr	xiānsheng	先生
Mrs	tàitai	太太
much	hěnduō; xǔduō	很多；许多
mum	māma	妈妈
muscle	jīròu	肌肉
museum	bówùguǎn	博物馆
mushroom	mógū	蘑菇
music	yīnyuè	音乐
musical instrument	yuèqì	乐器
musical item	yuèqǔ	乐曲
music fan	yīnyuèmí	音乐迷
musician	yīnyuèjiā	音乐家
my name is...	wǒde míngzi jiào/ shì ...	我的名子叫／ 是…
my surname is...	wǒ xìng...	我姓…

N

nail	zhǐjia	指甲
napkin	cānjīn	餐巾
narrow	zhǎi	窄
National Day	Guóqìngrì	国庆日
Nationalist Party	Guómíndǎng	国民党
natural	tiānrán; zìrán	天然；自然
natural science	zìrán kēxué	自然科学
nature	tiānrán; zìrán	天然；自然
naughty	táoqì; tiáopí	淘气；调皮
near	jìn; fùjìn	近；附近
nearby	pángbian	旁边
necessary	bìyào	必要
neck	jǐngzi; bózi	颈子；脖子
necklace	xiàngliàn; jǐngliàn	项链；颈链
need, to	xūyào	需要
need, a	xūyào	需要
needle	zhēn	针
neighbourhood	fùjìn	附近
(in this) neighbour-hood	zhè fùjìn	这附近
neighbours	línjū	邻居
nerve	shénjīng	神经
nervous	jǐnzhāng	紧张
neutral tone	qīngshēng	轻声
never mind	méiguānxi	没关系
nevertheless	búguò	不过
nevertheless	dànshì; kěshì	但是；可是
new	xīn	新
news	xīnwén	新闻
New South Wales	Xīnnánwēiěrsī	新南威尔斯
newspaper	bào(zhǐ)	报(纸)
New Year	xīnnián	新年

next month	xià(ge) yuè	下（个）月
next time	xiàcì	下次
next week	xià(ge) xīngqī	下（个）星期
next year	míngnián	明年
nine (9)	jiǔ	九
nineteen (19)	shíjiǔ	十九
ninety (90)	jiǔshí	九十
no	bù	不
no (incorrect)	búduì	不对
no more (not wanting more)	búyàole	不要了
noodles	miàntiáo	面条
noodles - fried	chǎomiàn	炒面
noon	zhōngwǔ	中午
no problem	méiwèntí	没问题
north	běi(fāng)	北（方）
Northern food	Běifāngcài	北方菜
Northern Territory	Běibùqū	北部区
North Sea	Běihǎi	北海
nose	bízi	鼻子
not as good as	bùrú...	不如…
not at all	nǎli(nǎli)	哪里（哪里）
not at all	búyòng xiè	不用谢
note book	bǐjìběn	笔记本
note down, to	jìxià	记下
notes	zhǐbì; chāopiào	纸币；钞票
not even a little	yìdiǎr yě méiyǒu	一点儿也没有
not fond of eating (a certain food)	chībulái	吃不来
not only ... but also	búdàn ... érqiě	不但…而且

not very much (many)	bútàiduō	不太多
not yet	háiméi...	还没…
novels	xiǎoshuō	小说
November	shíyīyuè	十一月
now	xiànzài	现在
nowadays	xiànzài	现在
no way	bùxíng	不行
N.S.W.	Xīnnánwēiěrsī	新南威尔斯
(house) number	hào	号
nun (Buddhist)	nígū	尼姑
nun (Catholic)	xiūnǚ	修女
nurse	hùshi	护士
nylon	nílóng	尼龙

O

obedient	guāi; tīnghuà	乖；听话
obey, to	tīng	听
objective	mùdì	目的
objects with flat surface U.M.	zhāng	张
objects with handles U.M.	bǎ	把
occasion	cì; huí; biàn	次；回；遍
occasions	cì; huí	次；回
occupation	zhíyè	职业
ocean	(hǎi)yáng	(海)洋
Ocean	yáng	洋
o'clock	diǎn(zhōng)	点(钟)
October	shíyuè	十月
of course	dāngrán	当然
office	bàngōngshì	办公室

office hours	bàngōng shíjiān	办公时间
often	cháng(cháng)	常(常)
oil	yóu	油
oil (sesame)	zhīmáyóu	芝麻油
oily	yóunì	油腻
O.K.	xíng	行
O.K. fine	hǎode	好的
old age	lǎonián	老年
old (aged, eg. people)	lǎo	老
old chap	lǎoxiōng (lit. old brother)	老兄
old (before surname, used more in P.R.C.)	lǎo	老
old (objects)	jiù	旧
old pal	lǎoxiōng (lit. old brother)	老兄
old people	lǎorén	老人
on account of	wèile	为了
once again	zài yícì	再一次
once in a while	yǒushí	有时
once more	zài yícì	再一次
once upon a time	cóngqián	从前
one (1)	yī	一
one day	yì tiān	一天
one month	yíge yuè	一个月
one (of) ...	yíge ...	一个…
one of these days	jiānglái yǒuyìtiān	将来有一天
oneself	zìjǐ	自己
on fire	shāo	烧
onion	yángcōng	洋葱

on summer holiday, be	fàng shǔjià	放暑假
on time, be	zhǔnshí	准时
on winter holiday, be	fàng hánjià	放寒假
open (door or window), to	kāi	开
opera	gējù	歌剧
Opera House	Gējùyuàn	歌剧院
opinion	yìjiàn	意见
opportunity	jīhuì	机会
oppose, to	fǎnduì	反对
opposite	xiāngfǎn	相反
opposite	duìmiàn	对面
opposite side	duìmiàn	对面
opposition party	fǎnduìdǎng	反对党
or	huòzhě	或者
or (used in forming a choice type question)	háishì	还是
orange	chéngzi; júzi	橙子；橘子
orange	júhuángsè; júhóngsè	橘黄色；橘红色
orange drink; orangeade	júzishuǐ	橘子水
orange juice	júzizhī; júzishuǐ	橘子汁；橘子水
orchestra	(guǎnxián) yuèduì	(管弦)乐队
orchid	lánhuā	兰花
order, to	dìng	订
order food, to	diǎn cài; jiào cài	点菜；叫菜
order (from shop), to	dìng	订

ordinary everyday food	(jiācháng) biànfàn	(家常)便饭
ornament	zhuāngshìpǐn	装饰品
other	qítāde	其他的
other day, the	nèitiān	那天
other person(s)	biérén; rénjia	别人；人家
others	qítāde	其他的
otherwise	yàoburán	要不然
ought to	yīngdāng; yīnggāi	应当；应该
ounce	yīngliǎng	英两
out of luck	dǎoméi	倒霉
out of order	huàile	坏了
outside	wàitou; wàibian	外头；外边
outside	-wài	一外
overcast	yīn(tiān)	阴(天)
overcoat	dàyī	大衣
overpass	tiānqiáo	天桥
overseas Chinese	huáqiáo	华侨
own, to	yǒu	有

P

Pacific Ocean	Tàipíngyáng	太平洋
packet	bāoguǒ	包裹
packet of	bāo	包
page	...yè	…页
page of	yè	页
pagoda	tǎ	塔
pain	tòng; téng	痛；疼
paint, to	huàhuàr	画画儿
painter	huàjiā; yìshùjiā	画家；艺术家
painting	huà(r)	画(儿)
pair of	duì; shuāng	对；双

pair of (shoes etc.)	shuāng	双
panda	xióngmāo	熊猫
pan fry, to	jiān	煎
pan of	guō	锅
papaya	mùguā	木瓜
paper	zhǐ	纸
paper money	zhǐbì; chāopiào	纸币；钞票
paper U.M.	zhāng	张
paragraph	duàn	段
parcel	bāoguǒ	包裹
parents	fùmǔ; bàbamāma (informal)	父母；爸爸妈妈
park	gōngyuán	公园
park at, to	tíngzài	停在
parliament	yìhuì	议会
part, to	fēnbié	分别
part	-bù	一部
participate, to	cānjiā	参加
parts of	(bù)fèn	(部)分
(political) party	(zhèng)dǎng	(政)党
pass an exam, to	jígé	及格
pastry shop	diǎnxīndiàn; gāobǐngdiàn	点心店；糕饼店
patch (clothes), to	xiūbǔ	修补
(garden) path	xiǎolù	小路
path	xiǎolù	小路
patient	bìngrén	病人
patient, be	(yǒu)nàixīn; (néng)rěnnài	(有)耐心；(能)忍耐
pavilion	tíngzi	亭子
paw paw	mùguā	木瓜
pay, to	fùqián	付钱

peace	hépíng	和平
peach	táozi	桃子
peanuts	huāshēng(mǐ)	花生(米)
pear	lí(zi)	梨(子)
peasant	nóngmín	农民
pedestrian	xíngrén	行人
pedestrian crossing	bānmǎxiàn (lit. zebra lines); rénxíngdào	斑马线；人行道
Peking duck	Běijīng kǎoyā	北京烤鸭
Peking Languages Institute	Běijīng Yǔyán Xuéyuàn	北京语言学院
pen	bǐ; gāngbǐ	笔；钢笔
pencil	qiānbǐ	铅笔
pencil case	bǐdài; bǐhé	笔袋；笔盒
pencil sharpener	qiānbǐbào(zi); qiānbǐdāo	铅笔刨(子)；铅笔刀
pencils U.M.	zhī (lit. 'branch')	枝
penfriend	bǐyǒu	笔友
penis	yīnjīng	阴茎
pens U.M.	zhī (lit. 'branch')	枝
People's Daily, the	Rénmín Rìbào	人民日报
People's Liberation Army (and its members)	jiěfàngjūn	解放军
People's Republic of China, the	Zhōnghuá Rénmín Gònghéguó	中华人民共和国
pepper	hújiāo	胡椒
(twenty) per cent off	(bā) zhé	(八)折
perhaps	yěxǔ	也许
personal mailbox	xìnxiāng	信箱
person in charge	fùzérén	负责人

persons U.M. (polite form)	wèi	位
Perth	Pèisī	佩思
petrol station	qìyóuzhàn; jiāyóu-zhàn	汽油站；加油站
pets	chǒngwù	宠物
pharmacy	yàofáng; yàodiàn	药房；药店
Philippines	Fēilǜbīn	菲律宾
philosophy	zhéxué	哲学
photocopy, to	fùyìn; yǐngyìn	复印；影印
photograph, to	gēn...zhàoxiàng; shèyǐng	跟…照相；摄影
photographer	shèyǐng(shī)	摄影(师)
photo shop	zhàoxiàngguǎn	照相馆
phrase	duǎnyǔ	短语
physical education	tǐyù	体育
physician	yīshēng; dàifu	医生；大夫
physics	wùlǐ	物理
physique	tǐgé	体格
piano	gāngqín	钢琴
pick up (object), to	náqǐ ... lai	拿起…来
pictorial	huàbào	画报
picture theatre	diànyǐngyuàn	电影院
piece of	kuài	块
pig	zhū	猪
pigeon	gēzi	鸽子
pile of	duī	堆
pill	yàowánr	药丸儿
pillow	zhěntou	枕头
pilot (aircraft)	fēixíngyuán	飞行员
pilot (harbour)	lǐnggǎngyuán	领港员

(decoration) pin	(huā)biézhēn; shìzhēn	(花)别针；饰针
pineapple	bōluó	菠萝
pinetree	sōngshù	松树
pink	fěnhóngsè	粉红色
pipe	yāndǒu	烟斗
pitiable	kělián	可怜
pity, to	kělián	可怜
place, to	fàng(xia)	放(下)
place, to	fàng	放
place	dìfang	地方
plain cut chicken	báiqiējī	白切鸡
plan	jìhuà	计划
planes U.M.	jià	架
plant, to	zhòng	种
plants	zhíwù	植物
P.L.A. soldier	Jiěfàngjūn shìbīng	解放军士兵
plastic	sùliào	塑料
plate	pán(zi)	盘(子)
plate of	pán	盘
play, a	huàjù	话剧
play, to	wánr	玩儿
play a ball game, to	dǎ qiú	打球
play a musical instrument, to	wánr; yǎnzòu	玩儿；演奏
play an instrument, to	wán yuèqì	玩器
play cards, to	dǎ zhǐpái	打纸牌
play cards, to	dǎ(pūkè)pái	打(扑克)牌
play chess, to	xià qí	下棋

play Chinese checkers, to	xià tiàoqí	下跳棋
play Chinese chess, to	xià xiàngqí	下象棋
play electronic games, to	wánr diànzǐ yóuxì	玩电子游戏
player	duìyuán	队员
playground	yùndòngchǎng	运动场
play (hit or strike), to	dǎ	打
playing field	yùndòngchǎng	运动场
play (kick), to	tī	踢
play mahjong, to	dǎ májiàng	打麻将
play (piano and guitar), to	tán	弹
play stringed instruments, to	lā (lit. to pull)	拉
play the host, to	qǐngkè	请客
please	qǐng	请
Please come in!	qǐng jìn	请进
pleased to meet you! (for the first time)	nǐ/nín hǎo; jiǔyǎng	你／您好 久仰
please give my regards to...	qǐng tì wǒ wènhòu ...; qǐng dài wǒ xiàng...wènhǎo	请替我问候 …；请代我 向…问好
please go slowly (with care)	(qǐng) màn(màn) zǒu	(请)慢(慢)走
Please suit yourself	qǐng biàn	请便
plenty of	hěnduō; xǔduō	很多；许多
pliers	qiánzi; lǎohǔqián	钳子；老虎钳
plug (electric)	(diàn)chātóu	(电)插头
plug in, to	chāshàng chātóu	插上插头

plum	lǐzi	李子
plum blossom	méihuā	梅花
plump	pàng	胖
pluralizing suffix for human nouns and pronouns	-men	一 们
plus	jiā	加
P.M.	xiàwǔ	下午
pocket	kǒudài	口袋
poem	shī	诗
poem U.M.	shǒu	首
poetry	shī	诗
points	fēn	分
Poland	Bōlán	波兰
police	jǐngchá	警察
police car	jǐngchē	警车
police station	jǐngchájú; gōng'ānjú	警察局；公安局
police(wo)man	jǐngchá	警察
polish, to	cā	擦
polite, be	yǒu lǐmào	有礼貌
polite	lǐmào	礼貌
politeness	lǐmào	礼貌
politician	zhèngzhìjiā; zhèngkè	政治家；政客
politics	zhèngzhì	政治
pollution	wūrǎn	污染
P.O. mailbox	yóuxiāng	邮箱
pond	chízi	池子
poor	qióng	穷
pop music	liúxíng yīnyuè	流行音乐
popular (current)	liúxíng	流行

popular (well-liked)	shòu huānyíngde	受欢迎的
population	rénkǒu	人口
pork	zhūròu	猪肉
pork braised in red sauce	hóngshāoròu	红烧肉
porter	bānyùngōng(rén)	搬运工（人）
postage stamp	yóupiào	邮票
post card	míngxìnpiàn	明信片
post card U.M.	zhāng	张
postcode	yóuqūhàomǎ	邮区号码
postman	yóuchāi	邮差
post office	yóu(zhèng)jú	邮（政）局
post office worker	yóujúyuán	邮局员
post(wo)man	yóuchāi	邮差
pot	guō	锅
potato	tǔdòu; mǎlíngshǔ	土豆；马铃薯
potato chips	mǎlíngshǔtiáo	马铃薯条
potato crisps	mǎlíngshǔpiàn	马铃薯片
pot of	hú	壶
pound	bàng	磅
power	lìliàng	力量
practice, a	liànxí	练习
practise, to	liànxí	练习
praise, to	biǎoyáng	表扬
praise, to	kuājiǎng	夸奖
(king) prawns	(dà)xiā; míngxiā	（大）虾；明虾
pray, to	qídǎo	祈祷
precisely	zhǔn	准
prefect	xuéshēngzhǎng	学生长
prefix for ordinal number (ranking)	dì-	第一

prefixes for certain nouns (including surname, personal name)	ā-; xiǎo-; lǎo-	阿—；小—；老—
premier	zǒnglǐ	总理
prepare, to	zhǔnbèi; yùbèi	准备；预备
prepare a meal, to	zuòfàn; zuòcài; nòng (colloq.)	做饭；做菜；弄
prescription	yàofāng	药方
present	lǐwù; lǐpǐn	礼物；礼品
present, be	dào	到
president	zǒngtǒng	总统
press conference	jìzhě zhāodàihuì	记者招待会
press the doorbell, to	ànlíng	按铃
previously	yǐqián	以前
previous time	shàngcì	上次
price	jiàqián	价钱
priest	chuánjiàoshì	传教士
primary grade one	xiǎoxué yīniánjí	小学一年级
primary school	xiǎoxué	小学
primary school student	xiǎoxuéshēng	小学生
prime minister	shǒuxiàng; zǒnglǐ	首相；总理
print, to	yìnshuā	印刷
printer	yìnshuāgōng(rén); yìnshuāshāng	印刷工(人) 印刷商
prisoner	fànrén	犯人
probably	dàgài	大概
problem	wèntí	问题
produce, to	shēngchǎn	生产
produce, the	chǎnwù; chǎnpǐn	产物；产品
profession	zhíyè	职业

professor	jiàoshòu	教授
profit	yínglì	盈利
programme	jiémù	节目
progress	jìnbù	进步
progressive	jìnbù(de)	进步(的)
prohibit, to	jìnzhǐ	禁止
pronunciation	fāyīn	发音
prosecute, to	qǐsù; gàofā	起诉；告发
province	shěng	省
Province	Shěng	省
provincial capital	shěnghuì	省会
pub	jiǔguǎnr	酒馆儿
pub	jiǔdiàn	酒店
pubic hair	yīnmáo	阴毛
public convenience	cìsuǒ; cèsuǒ	厕所
public servant	gōngwùyuán	公务员
public telephone	gōngyòng diànhuà	公用电话
publisher	chūbǎnrén; chūbǎn-jiā	出版人；出版家
pull	lā	拉
pullover	máoyī	毛衣
pumpkin	nánguā	南瓜
punctually	zhǔn	准
punctuation	biāodiǎn (fāngfǎ)	标点(方法)
pupil	xuéshēng	学生
pure (eg. maths)	chún-	纯
purple	zǐsè	紫色
purpose	yòngyì; mùdì	用意；目的
purse	qiánbāo	钱包
push	tuī	推
push bike	zìxíngchē	自行车
put, to	fàng	放

put down, to	fàng(xia)	放(下)
put in order, to	shōushi	收拾
put into, to	fàng (jìn)	放(进)
put on weight, to	pàngle	胖了
put out a fire, to	miè huǒ	灭火
put the rubbish out, to	dào lājī	倒拉坂
put together, to	fàngzài yìqǐ	放在一起
pyjamas	shuìyī	睡衣

Q

quarter, a	sìfēn zhī yī; yīkè zhōng (15 minutes)	四分之一；一刻钟
quarter-hour	yíkè zhōng	一刻钟
queen	nǚwáng	女王
Queensland	Kūnshìlán	昆士兰
question	wèntí	问题
question mark	wènhào	问号
question particle (simple questions)	ma (in rising intonation)	吗
quilt	bèizi	被子

R

rabbit	tùzi	兔子
radiator	sànrèqì; nuǎnqì	散热器；暖气
radical	bùshǒu	部首
radio	shōuyīnjī	收音机
rain	yǔ	雨
rain, to	xiàyǔ	下雨
raincoat	yǔyī	雨衣
rainy season	yǔjì	雨季

raise (animals), to	yǎng	养
rapid	kuài	快
rapidly changeable	biànhuàde hěn kuài	变化得很快
rarely	bùcháng	不常
raspberry	mùméi	木莓
rat	lǎoshǔ	老鼠
rather	hěn	很
rather	xiāngdāng	相当
rayon	rénzào xiānwéi; rénzào sī	人造纤维；人造丝
read, to	kàn	看
read, to	dú	读
read aloud, to	niàn	念
read but not understand, to	kànbudǒng	看不懂
reading lamp	táidēng	台灯
read magazines, to	kàn zázhì	看杂志
read newspapers, to	kàn bào	看报
read novels, to	kàn xiǎoshuō	看小说
read (silently), to	kàn	看
real	zhēnde	真的
rear	hòutou; hòubian	后头；后边
rear	-hòu	一后
rear (animals), to	yǎng	养
reasonable	yǒu(dào)lǐ	有(道)理
reason for	lǐyóu	理由
reason why	yuángù	原故
(write out a) receipt	(kāi)fāpiào; shōujù; shōutiáo	(开)发票；收据；收条
receive, to	shōu	收
received	jiēdào; shōudào	接到；收到
recently	jìnlái; zuìjìn	近来；最近

recollect, to	huíyì	回忆
record	chàngpiàn	唱片
record player	diànchàngjī	电唱机
red	hóngsè	红色
Red Sea	Hónghǎi	红海
refrigerator	bīngxiāng	冰箱
refund	tuìqián	退钱
region	dìqū	地区
registered mail	guàhàoxìn	挂号信
regret (after event)	hòuhuǐ	后悔
regrettable	kěxī	可惜
relation(ship)	guānxi	关系
relative	qīnqī	亲戚
release, to	fàng	放
reliable	kěkào	可靠
relieved, be	fàngxīn	放心
religion	zōngjiào	宗教
religious education	zōngjiào jiàoyù	宗教 教育
remove, to	ná kāi	拿开
rent, to	zū	租
rent, the	fángzū; zūjīn	房租；租金
repair	xiūlǐ	修理
repair the car, to	xiūlǐ qìchē	修理汽车
reporter	(xīnwén) jìzhě	新闻记者
represent, to	dàibiǎo	代表
representative	dàibiǎo	代表
representative	dàibiǎoxìngde	代表性的
republic	gònghéguó	共和国
Republic of China, the	Zhōnghuá Mínguó	中华民国
request, to	qǐng	请
research	yánjiù; yánjiū	研究

researcher	yánjiūyuán	研究员
resemble, to	xiàng	像
responsibility	zérèn	责任
rest, to	xiūxi	休息
restaurant	fànguǎnr; guǎnzi; jiǔjiā	饭馆儿；馆子； 酒家
result	jiéguǒ	结果
retired	tuìxiū	退休
return something borrowed, to	huán ...	还…
review, to	fùxí	复习
review, a	fùxí	复习
revolution	gémìng	革命
rice	mǐ; fàn; mǐfàn; dàozi	米；饭；米饭； 稻子
rice (cooked)	(mǐ)fàn	（米）饭
rice (fried)	chǎofàn	炒饭
rice gruel	zhōu	粥
rice noodles	mǐfěn	米粉
rice (plain)	báifàn	白饭
rice (uncooked)	mǐ	米
rich	yǒu qián	有钱
ride (astride), to	qí	骑
ride on, to	zuò	坐
ride on horseback, to	qímǎ	骑马
right	duì	对
right	yòu(bian)	右（边）
right	-yòu	—右
right now	zhèngzài	正在
rigorous	yán'gé	严格
ring	jièzhǐ	戒指

river	hé	河
road	lù; mǎlù	路；马路
roads U.M.	tiáo	条
roast, to	kǎo	烤
roast duck	kǎoyā	烤鸭
rock music	yáogǔnyuè	摇滚乐
roll of	juǎn	卷
Roman Catholic religion	tiānzhǔjiào	天主教
romanization	pīnyīn	拼音
roof	wūdǐng	屋顶
room	wūzi; fángjiān	屋子；房间
room (in a hotel)	fángjiān	房间
room U.M.	jiān	间
root	gēn	根
rose	méigui	玫瑰
rowing	huáchuán	划船
row of	pái	排
R-rated movie	chéngrén diànyǐng	成人电影
rubber	xiàngjiāo; xiàngpí	橡胶；橡皮
rubbish (bin)	lājī(tǒng)	垃圾(桶)
rug	dìtǎn	地毯
rugby	gǎnlǎnqiú	橄榄球
ruler	chǐ(zi)	尺(子)
run, to	pǎo	跑
running shoes	qiúxié	球鞋
Russia	Éguó; Sūlián	俄国；苏联

S

S.A. (Adelaide)	Nán'ào (Ādéléidé)	南澳(阿得雷德)
sad	bēiāi	悲哀
sad (hard to bear)	nánguo	难过

safety	ānquán	安全
safety belt	ānquándài	安全带
sailing	wán fānchuán	玩帆船
sailor	shuǐshǒu; hǎiyuán	水手；海员
salad	shālā; shēngcài	沙拉；生菜
(big) sale	(dà) jiǎnjià	（大）减价
salesman (door to door)	tuīxiāoyuán	推销员
salesperson	diànyuán; shòuhuò-yuán; fúwùyuán	店员；售货员；服务员
salt	yán	盐
salty	xián	咸
salty duck	yánshuǐyā	盐水鸭
salute	(xiàng...)jìnglǐ	（向⋯⋯）敬礼
same	yíyàng	一样
sandals	liángxié	凉鞋
sand shoes	qiúxié	球鞋
sandwich	sānmíngzhì	三明治
sated, be	bǎo	饱
satin	duànzi	缎子
Saturday	xīngqīliù	星期六
saucepan	guō	锅
saucepan of	guō	锅
sauté, to	kuàijiān	快煎
savoury	xián	咸
saw	kànjiànle	看见了
say, to	shuō; jiǎng	说；讲
scarf	wéijīn	围巾
scenery	fēngjǐng	风景
scholarship	jiǎngxuéjīn	奖学金
school	xuéxiào	学校
school boarder	zhùxiàoshēng	住校生

school term	xuéqí; xuéqī	学期
science (subjects)	lǐkē	理科
scientific	kēxué(de)	科学(的)
scientist	kēxuéjiā	科学家
scissors	jiǎndāo	剪刀
score	fēn	分
Scotland	Sūgélán	苏格兰
scouts	tóngzǐjūn	童子军
scrubbing brush	shuāzi	刷子
sculptor	diāosùjiā	彫塑家
sculpture	diāosù	彫塑
sea	hǎi	海
seafood	hǎixiān	海鲜
Sea of Japan	Rìběnhǎi	日本海
seashore	hǎibiān; hǎibīn	海边；海滨
season	jì; jìjié	季；季节
secondary school	zhōngxué	中学
second (day of the month)	èrhào	二号
seconds	miǎo	秒
second tone	dièr shēng	第二声
second year	èrniánjí	二年级
secretary (office)	mìshū	秘书
secretary (of the Party)	shūjì	书记
section	-bù	一部
section of	duàn	段
seeds	zhǒngzǐ	种子
seem as if, to	hǎoxiàng	好像
see someone off, to	sòng	送
see you again	zàijiàn	再见
see you soon	yīhuìr jiàn	一会儿见

see you tomorrow	míngtiān jiàn	明天见
seldom	bùcháng	不常
sell, to	mài	卖
semi-colon	fēnhào	分号
send, to	jì	寄
send a telegram, to	dǎ diànbào	打电报
send back (object), to	sòng huíqu	送回去
senior school (years 10-12)	gāozhōng	高中
sentence	jùzi	句子
sentences U.M.	jù	句
September	jiǔyuè	九月
serious	rènzhēn	认真
serious	yánsù	严肃
sesame seed cake	shāobǐng	烧饼
session (music)	chǎng	场
set of	tào; bù	套；部
set off, to	chūfā	出发
set (the table), to	bǎi	摆
seven (7)	qī	七
Seventeen Arch Bridge	Shíqīkǒngqiáo	十七孔桥
several	jǐ	几
several	jǐ(ge)	几个
severe(ly)	yánzhòng	严重
sew, to	féng	缝
sewing machine	féngrènjī	缝纫机
sexual intercourse	xìngjiāo	性交
shallots	cōng	葱
shallow	qiǎn	浅
shampoo	xǐfàjì	洗发剂

shampoo one's hair, to	xǐtóu	洗头
shape	xíngshì	型式
share, to	fēnxiǎng	分享
shares	(bù)fèn	(部)分
sharp	jīng	精
sharp	lì	利
shave, to	guā húzi	刮胡子
she	tā	她
sheep	yáng	羊
sheet	chuángdān	床单
shelves	jiàzi	架子
shift, to	bān	搬
shifty	huátou	滑头
ship	chuán	船
shirt	chènshān; chènyī	衬衫；衬衣
shoe laces	xiédài	鞋带
shoe polish	xiéyóu	鞋油
shoes	xiézi	鞋子
shoes - cloth	bùxié	布鞋
shoe shop	xiédiàn	鞋店
shoes - leather	píxié	皮鞋
shop, to	mǎidōngxi	买东西
shop	shāngdiàn; ...diàn	商店；…店
shop assistant	diànyuán; shòuhuò- yuán; fúwùyuán	店员；售货员；服务员
shopkeeper	diànzhǔ	店主
shops	shāngdiàn	商店
short	ǎi	矮
short	duǎn	短
shorts	duǎnkù	短裤
short (stature)	ǎi	矮

shoulder	jiānbǎng	肩膀
shower, to	línyù	淋浴
shower	línyù	淋浴
shrewd	jīng	精
shy	pàxiū; hàixiū	怕羞；害羞
Sichuan food	Sìchuāncài	四川菜
sick, be	yǒubìng; bìngle	有病；病了
sickness	bìng	病
side	pángbian	旁边
side	-páng; -biān	—旁；—边
sightsee, to	guānguāng; yóulǎn	观光；游览
sightseeing group	guānguāngtuán	观光团
significant	zhòngyào	重要
silk	sī	丝
silk fabric	chóuzi	绸子
silver	yínsè	银色
simmer, to	màn zhǔ; dùn	慢煮；炖
simple	jiǎndān	简单
simplified characters	jiǎntǐzì	简体字
sing, to	chànggē	唱歌
Singapore	Xīnjiāpō	新加坡
sing (a song), to	chàng (gē)	唱（歌）
singer	gēshǒu; gēchàngjiā	歌手；歌唱家
sing hymns, to	chàng shī	唱诗
single minded	zhuānxīn	专心
single room (in a hotel)	dānrén fáng(jiān)	单人房（间）
sink	shuǐchízi; xǐwǎncáo	水池子；洗碗槽
sister (older)	jiějie	姐姐
sisters (general - younger and older)	jiěmèi	姐妹
sister (younger)	mèimei	妹妹

sit (for exams), to	cānjiā kǎoshì	参加考试
six (6)	liù	六
sixth year	liùniánjí	六年级
size	dàxiǎo	大小
size (large, medium, small)	hào (dà, zhōng, xiǎohào)	号(大，中，小号)
size (number)	... hào	···号
skill	jìshù	技术
skin	pí	皮
skinny	shòu	瘦
skirt	qúnzi	裙子
sky	tiān(kōng)	天(空)
skyscraper	mótiānlóu	摩天楼
sleeping pill	ānmián yào	安眠药
sleepy	kùn	困
sleeve	xiùzi	袖子
slippers	tuōxié	拖鞋
slow	màn	慢
slowly	mànmànde	慢慢地
small	xiǎo	小
small and round objects U.M.	lì; kē	粒；颗
small animals U.M.	zhī	只
small change	língqián	零钱
smart	piàoliang	漂亮
smell, to	wén	闻
smells good	xiāng	香
smoke, to	chōuyān; xīyān	抽烟；吸烟
snackbar	xiǎochīdiàn	小吃店
snacks	diǎnxīn	点心
snap, to	duàn	段
snap	zhéduàn	折断

snow	xuě	雪
snow, to	xiàxuě	下雪
snow ski	huáxuě	滑雪
soap	féizào; xiāngzào	肥皂 ；香皂
soccer	zúqiú	足球
sociable	héqì	和气
socialism	shèhuìzhǔyì	社会主义
social order	shèhuì zhìxù	社会秩序
social science	shèhuì kēxué	社会科学
society	shèhuì	社会
socks	wà(zi)	袜子
soda water	sūdǎshuǐ	苏打水
sofa	shāfā	沙发
soft	ruǎn	软
soft drink (aerated)	qìshuǐ	汽水
soil	(ní)tǔ	(泥)土
solar calendar	yánglì	阳历
soldier	jūnrén; shìbīng	军人；士兵
sold out	màiwánle	卖完了
some (of)	yǒuxiē	有些
sometimes	yǒu(de) shíhou	有(的)时候
son	érzi	儿子
sore throat	hóulóng téng	喉咙疼
sorry!	duìbuqǐ	对不起
so-so	mǎmǎhūhū	马马虎虎
so that	suǒyǐ	所以
sound	shēngyīn	声音
soup	tāng	汤
sour	suān	酸
south	nán(fāng)	南(方)
South Africa	Nánfēi	南非
South Australia	Nán'ào	南澳

South China Sea	Nán(zhōngguó)hǎi	南(中国)海
South-East Asia	Dōngnányà	东南亚
Southern food	Nánfāngcài	南方菜
souvenir	jìniànpǐn	纪念品
souvenir shop	jìniànpǐndiàn	纪念品店
Soviet Union	Éguó; Sūlián	俄国；苏联
soy sauce	jiàngyóu	酱油
space movie (science fiction)	tàikōng diànyǐng	太空电影
Spain	Xībānyá	西班牙
spare room	kòngfáng	空房
spatula	guōchǎn	锅铲
speak, to	shuōhuà	说话
special(ly)	tèbié	特别
specialty	náshǒu cài	拿手菜
speech	huà	话
spell, to	pīn	拼
spinach	bōcài	菠菜
spoilt	chǒnghuàile	宠坏了
spoon	sháo(zi)	勺(子)
spoon of	sháo	勺
sport	yùndòng	运动
sporting goods shop	yùndòng yòngjùdiàn	运动用具店
sportsground	yùndòngchǎng	运动场
spread out, to	zhǎnkāi	展开
spring	chūntiān; chūnjì	春天；春季
Spring Festival	Chūnjié; Zhōngguó xīnnián	春节；中国新年
spring onions	cōng	葱
spring roll	chūnjuǎn	春卷
square	guǎngchǎng	广场

staffer	zhíyuán	职员
stag	lù	鹿
stairs	lóutī	楼梯
Standard Chinese (Mandarin)	pǔtōnghuà; guóyǔ; Hànyǔ	普通话；国语；汉语
stand up, to	qǐlai	起来
star	xīng(xing)	星（星）
start	kāishǐ	开始
start, to	kāishǐ	开始
startled	xià yítiào	吓一跳
start soon, to	kuài(yào) kāishǐ	快（要）开始
state	zhōu	州
State	Zhōu	州
station	huǒchēzhàn	火车站
stationery shop	wénjùdiàn	文具店
station (T.V. or radio)	diàntái	电台
steal, to	tōu	偷
steam, to	zhēng	蒸
steamed bread	mántou	馒头
steamed bun	mántou	馒头
steamed stuffed bun	bāozi	包子
step-father	jìfù	继父
step-mother	jìmǔ	继母
step of	jí	级
stereo	lìtǐshēng	立体声
stern	yánsù	严肃
stick of, a	gēn; zhī	根；支
still	búguò	不过
sting, to	yǎo	咬
stir fry, to	chǎo	炒
stockings	chángwà(zi)	长袜子

stomach	wèi; dùzi	胃；肚子
stone	shí(tou)	石(头)
stool	dèngzi	凳子
stop, to	tíng	停；
	tíngzhǐ	停止
stop (bus tram etc.)	chēzhàn	车站
storey	céng	层
storey of	céng	层
storm	dàfēngyǔ; fēngbào	大风雨；风暴
story telling	jiǎng gùshì	讲故事
stove	lú(zi); zào(tái)	炉(子)；灶(台)
stove - electric	diànlú	电炉
stove - gas	méiqìlú	煤气炉
straight	yìzhí(de)	一直(的)
straightforward	lǎoshí	老实
strawberry	cǎoméi	草莓
street	jiē	街
strength	lìliàng	力量
strict	yán'gé	严格
strike	bàgōng	罢工
string beans	càidòu	菜豆
string of	chuàn	串
stroke (of a character)	bǐhuà	笔画
strong	qiáng	强
strong (taste)	nóng	浓
structure	jiànzhù	建筑
student	xuéshēng	学生
student studying abroad	liúxuéshēng	留学生
studious	yònggōng; nǔlì	用功；努力
study	shūfáng	书房

study, to	xuéxí	学习
study, to	yánjiù; yánjiū	研究
study abroad, to	liúxué	留学
study of, a	yánjiù; yánjiū	研究
stupid	bèn	笨
subject	kē(mù)	科(目)
subjects of study U.M.	mén	门
subjects U.M.	mén (used with kè)	门
subordinating particle (used to indicate possession or description)	de	的 ; 地 ; 得
subsequently	hòulái	后来
substitute	(dài)tì	(代)替
subtract, to	jiǎn	减
suburb	jiāoqū	郊区
suddenly	hūrán	忽然
suffer, to	shòu kǔ	受苦
sufficient	gòu	够
suffixes forming nouns	-r; -zi; -tou	—儿 ; —子 ; —头
suffixes indicating accomplishment	-dao; -zhao	—到 ; —着
suffix indicating perfective aspect or new situation	-le	—了
suffix indicating progressive aspect	-zhe	—着
sugar	táng; tángguǒ	糖 ; 糖果
suitable	héshì	合适
suite (of rooms)	tàofáng	套房

suit of clothing U.M.	tào	套
suit (western style)	xīzhuāng	西装
sultry	mēnrè	闷热
summer	xiàtiān; xiàjì	夏天；夏季
Summer Palace	Yíhéyuán	颐和园
sun	tàiyáng	太阳
Sun, the	Tàiyáng Bào	太阳报
Sunday	xīngqītiān; xīngqīrì	星期天；星期日
Sung Dynasty	Sòngcháo	宋朝
sunglasses	tàiyángjìng; mòjìng	太阳镜；墨镜
sunshine	yángguāng	阳光
supermarket	chāojí shìchǎng	超级市场
supper	xiāoyè	消夜
surgeon	wàikēyīshēng	外科医生
surgery	wàikē	外科
surname	xìng	姓
surnamed, be	xìng	姓
sweater	máoyī	毛衣
sweat shirt	wèishēngyī; yùndòngshān	卫生衣；运动衫
sweep, to	sǎodì	扫地
sweet	tián	甜
sweet and sour	tángcù; tiánsuān	糖醋；甜酸
sweet and sour pork	gǔlǎoròu	古老肉
sweet corn	yùmǐ	玉米
sweets	táng; tángguǒ	糖；糖果
swim, to	yóuyǒng	游泳
swimming	yóuyǒng	游泳
swimming costume	yóuyǒngyī	游泳衣
swimming pool	yóuyǒngchí	游泳池
switch, a	kāiguān	开关

switchboard operator	diànhuà jiēxiàn-shēng	电话接线生
switch off, to	guān	关
switch off (light, power, etc.), to	guān	关
switch on, to	kāi	开
switch on (light, power,etc.), to	kāi	开
Sydney	Xīní; Xuělí	悉尼；雪梨
synthetic fibre	héchéng xiānwéi	合成纤维
system	zhìdù	制度

T

table	zhuōzi	桌子
table tennis	pīngpāngqiú	乒乓球
tailor	cáiféng	裁缝
tailor's shop	cáiféngdiàn	裁缝店
take a holiday, to	xiūjià	休假
(to) take an interest in	xǐhuan	喜欢
take a seat	zuò ba; qǐng zuò	坐吧；请坐
take a walk or a stroll, to	sànbù	散步
take away, to	ná zǒu	拿走
take away food	wàimài	外卖
take care, to	dānxīn	担心
take hold of, to	ná; zhuā	拿；抓
take medicine, to	chī yào	吃药
take off, to	tuō	脱
take off, to	ná kāi	拿开

take or use (time), to	yòng; huā	用；花
take out, to	ná chūlai	拿出来
talk, to	shuōhuà	说话
tall	gāo	高
Tang Dynasty	Tángcháo	唐朝
Tanzania	Tǎnsāngníyà	坦桑尼亚
tap	shuǐlóngtóu	水龙头
tape	lùyīndài; cídài	录音带；磁带
tape, to	lùyīn	录音
tape recorder	lùyīnjī	录音机
Tasmania	Tǎsīmǎníyà	塔斯马尼亚
taste	wèidao	味道
taste, to	cháng	尝
tasty	hǎochī	好吃
taxi	chūzūqìchē; jìchéng-chē	出租汽车；计程车
tea	chá	茶
teach, to	jiāo	教
teacher	lǎoshī; jiàoshī; jiào-yuán	老师；教师；教员
teacup	chábēi	茶杯
team	duì	队
team member	duìyuán	队员
team of	duì; zǔ	队；组
tea pot	cháhú	茶壶
tear, to	sī	撕
technical school	zhíyè xuéxiào	职业学校
technician	jìshù(rén)yuán	技术(人)员
technique	jìshù	技术
teeth	yá(chǐ)	牙齿
telegram	diànbào	电报

telephone	diànhuà	电话
telephone, to	dǎ diànhuà	打电话
telephone booth	diànhuàtíng	电话亭
telephone directory	diànhuàběn; diàn- huàbù	电话本；电话簿
telephone number	diànhuà hàomǎ	电话号码
television (set)	diànshì(jī)	电视(机)
tell, to	gàosu	告诉
temper	xìngzi; píqi	性子；脾气
temperament	xìngqíng	性情
temperature	wēndù	温度
(body) temperature	tǐwēn	体温
temple	miào; sìmiào	庙；寺庙
Temple of Heaven	Tiāntán	天坛
ten cent unit	jiǎo; máo (used in conversation)	角；毛
tender	nèn	嫩
tennis	wǎngqiú	网球
ten (10)	shí	十
tense	jǐnzhāng	紧张
tenth (day of the month)	shíhào	十号
ten thousand (10,000)	(yī) wàn	(一)万
terminus	zhōngzhàn; zhōng- diǎn	终站；终点
terrible	kěpà	可怕
tertiary college	xuéyuàn	学院
test	xiǎokǎo	小考
testis	gāowán	睾丸
text book	kèběn	课本
thank, to	xièxie	谢谢

thanks	xièxie	谢谢
thank you	xièxie nǐ/nín	谢谢你／您
thank you for your hospitality	xièxie (nínde) zhāo-dài	谢谢(您的)招待
that	nà; nèi	那
that day	nèitiān	那天
that (one)	nàge; nèige	那个
that place	nàli; nàr	那里；那儿
that's all right	méishénme	没什么
that's all right	méiguānxi	没关系
that side	nàbiān	那边
that's right	duì(le)	对(了)
theatre	xìyuàn; jùchǎng	戏院；剧场
them	tāmen	他们；她们
then	jiù	就
then	yúshì	于是
then	nàme; nème	那么
there	nàli; nàr	那里；那儿
there are	yǒu	有
there are not	méiyǒu	没有
therefore	yúshì; suǒyǐ	于是；所以
there is	yǒu	有
there is not	méiyǒu	没有
thermometer	wēndùbiǎo	温度表
thermos	rèshuǐpíng	热水瓶
these	zhèxiē	这些
these days	zhèxiē tiān	这些天
they	tāmen	他们
thick (consistency)	chóu; nóng	稠；浓
thick (dimension)	hòu	厚
thief	xiǎotōu	小偷
thigh	dàtuǐ	大腿

thin	shòu	瘦
thin (consistency)	xī	稀
thin (dimension)	báo	薄
thing	dōngxi	东西
think, to	xiǎng	想
thin (not fat)	shòu	瘦
thin slice of	piàn	片
third (day of the month)	sānhào	三号
third tone	dìsān shēng	第三声
third year	sānniánjí	三年级
thirsty	kě	渴
thirtieth (day of the month)	sānshíhào	三十号
thirty-first (day of the month)	sānshíyīhào	三十一号
thirty-one days	sānshíyī tiān	三十一天
this	zhè; zhèi	这
this kind (of)	zhèzhǒng; zhèyàng	这种；这样
this month	zhège yuè	这个月
this morning	jīntiān zǎoshang	今天早上
this (one)	zhège; zhèige	这个
this place	zhèlǐ; zhèr	这里；这儿
this side	zhèbiān	这边
this time	zhècì; zhèhuí	这次；这回
this week	zhège xīngqī	这个星期
this year	jīnnián	今年
those	nàxiē	那些
thousand (1,000)	(yì) qiān	(一)千
thread, a	xiàn	线
three (3)	sān	三
throat	hóulóng	喉咙

throw, to	diū	丢
thunder	léi	雷
thunder, to	dǎléi	打雷
Thursday	xīngqīsì	星期四
Tiananmen (Square)	Tiānānmén (guǎngchǎng)	天安门(广场)
ticket seller	shòupiàoyuán	售票员
tidy and sweep, to	dǎsǎo	打扫
tidy up, to	shōushi	收拾
tie, a	lǐngdài	领带
tie, to	bǎng	绑
tie a tie, to	dǎ lǐngdài	打领带
tiger	lǎohǔ	老虎
tight	jǐn	紧
tiler	zhuānjiàng; (zhuān)wǎgōng	砖匠；(砖)瓦工
till now	zhídào xiànzài	直到现在
till then	zhídào nàshí	直到那时
time	shíhou; shíjiān	时候；时间
time	cì; huí; biàn	次；回；遍
times	cì; huí	次；回
timetable	shíjiānbiǎo	时间表
tip	xiǎofèi	小费
tired	lèi	累
(go) to	shàng	上
to	dào	到
toast, to	(xiàng...)jìngjiǔ	(向…)敬酒
toast	kǎo miànbāo	烤面包
tobacco	yāncǎo	烟草
tobacconist	yāncǎodiàn	烟草店
today	jīntiān	今天
toe	jiǎozhǐ	脚趾

together with	gēn	跟
toilet	cèsuǒ	厕所
toilet paper	cǎozhǐ; wèishēngzhǐ	草纸；卫生纸
tomato	fānqié; xīhóngshì	番茄；西红柿
tomorrow	míngtiān	明天
ton	dūn	吨
tone	shēng(diào)	声 (调)
tongue	shétou	舌头
tonne	gōngdūn	公吨
too	tài	太
too bad	zāogāo	糟糕
tool	gōngjù	工具
too much	tàiduō	太多
toothbrush	yáshuā	牙刷
toothpaste	yágāo	牙膏
tooth pick	yáqiān	牙签
topic	tímù	题目
Top 40	zuì rèmén sìshí-shǒu	最热门四十首
torn	sīpòle	撕破了
tough	lǎo; yìng	老；硬
tour, to	cānguān; fǎngwèn	参观；访问
tourbus	yóulǎnchē	游览车
tour guide	dǎoyóu	导游
tour leader	tuánzhǎng (lit. group leader)	团长
toward	xiàng; wàng	向；往
toward	xiàng; cháo	向；朝
towel	máojīn	毛巾
toy shop	wánjùdiàn	玩具店
tracksuit	yùndòngyī	运动衣
trade	màoyì	贸易

trade union	gōnghuì	工会
trading hours	yíngyè shíjiān	营业时间
tradition	chuántǒng	传统
traditional	chuántǒngde	传统的
traditional Chinese shadow boxing	tàijíquán	太极拳
traffic	jiāotōng	交通
traffic lights	hónglǜdēng; jiāotōngdēng	红绿灯；交通灯
tragedy	bēijù	悲剧
train	huǒchē	火车
tram	diànchē	电车
translator	fānyì	翻译
travel, to	lǚxíng	旅行
traveller	lǚkè	旅客
travellers cheques	lǚxíng zhīpiào	旅行支票
treasurer	cáizhèngbùzhǎng; cáiwù	财政部长；财务
tree	shù	树
trees U.M.	kē	棵
trial	shěnpàn	审判
trip, to	diēdǎo	跌倒
trolley bus	diànchē; gōnggòng qìchē	电车；公共汽车
trouble	máfan	麻烦
trousers	(cháng)kùzi	(长)裤子
trousers U.M.	tiáo	条
truck	kǎchē	卡车
T-shirt	hànshān	汗衫
tuckshop	xiǎochīdiàn	小吃店
Tuesday	xīngqīèr	星期二
tumble, to	diēdǎo	跌倒

tumbler	bōlibēi	玻璃杯
tuner	tiáoyīnzhuāngzhì	调音装置
turn corners, to	guǎi; zhuǎn	拐 ；转
turnip	luóbo	萝卜
turn left, to	guǎi zuǒ; wàng zuǒ zhuǎn	拐左 ；往左转
turn right, to	guǎi yòu; wàng yòu zhuǎn	拐右 ；往右转
turn to the ..., to	wǎng ... zhuǎn	往 … 转
T.V. channel	...píndào	… 频道
twelfth month (lunar)	làyuè; shíèryuè	腊月 ；十二月
twentieth (day of the month)	èrshíhào	二十号
twice cooked pork	huíguōròu	回锅肉
twin brothers	shuāngshēngxiōngdì	双生兄弟
twins	shuāngshēngzǐ	双生子
twin sisters	shuāngshēngjiěmèi	双生姐妹
two (2)	èr	二
two days	liǎng tiān	两天
type	zhǒnglèi	种类
typewriter	dǎzìjī	打字机
typhoon	táifēng	台风
typical	diǎnxíngde	典型的
typist	dǎzìyuán	打字员

U

ugly	nánkàn	难看
umbrella	(yǔ)sǎn	(雨)伞
unable to eat (any more)	chībuxià	吃不下
unable to find	zhǎo búdào	找不到

unable to get to sleep	shuìbuzháo	睡不着
unable to hear	tīngbujiàn	听不见
unable to hear clearly	tīngbuqīngchu	听不清楚
unable to see (vision blocked)	kànbujiàn	看不见
uncle (father's older brother)	bófù; bóbo	伯父；伯伯
uncle (father's younger brother)	shūshu	叔叔
uncle (general polite address to friend's father or to adult man by child)	shūshu; bóbo	叔叔；伯伯
uncomfortable	bùshūfu	不舒服
under	... yǐxià	…以下
undergo an operation, to	dòng shǒushù	动手术
underground	dìxiàtiědào	地下铁道
underpants	nèikù	内裤
underpass	dìxiàdào; dǐcéngdào	地下道；底层道
undershirt	nèiyī	内衣
understand, to	dǒng	懂
unemployed	dàiyè; shīyè	待业；失业
unexpected, the	yìwài	意外
unexpected	méixiǎngdào	没想到
uniform	zhìfú	制服
unimportant	méiguānxì	没关系
uninteresting	méi yìsi	没意思
United Nations	Liánhéguó	联合国
university	dàxué	大学

university first year	dàxué yīniánjí	大学一年级
university student	dàxuéshēng	大学生
unpalatable	nánchī	难吃
unquestionable	quèdìngde; wúyíde	确定的；无疑的
untrustworthy	huátou	滑头
unwell	bùshūfu	不舒服
upon this	zhèyàng	这样
upper part, the	shàngtou; shàng-bian	上头；上边
upper part	-shàng	—上
upstairs	lóushàng	楼上
urgent	jǐnjí; yàojǐn	紧急；要紧
urinate, to	xiǎobiàn	小便
us	wǒmen	我们
U.S.A.	Měiguó	美国
use, to	yòng	用
used	jiù	旧
useful	yǒuyòng	有用
usually	píngcháng	平常

V

vacuum cleaner	xīchénqì	吸尘器
vagina	yīndào	阴道
valid	yǒuxiào	有效
vase	huāpíngr	花瓶儿
vegetable dish	sùcài	素菜
vegetables	qīngcài; shūcài	青菜；蔬菜
vehicle	qìchē; chēzi	汽车；车子
vehicles U.M.	liàng; bù	辆；部
velvet	tiān'éróng	天鹅绒
venetian blinds	bǎiyèlián	百叶帘
veranda	zǒuláng; lángzi	走廊；廊子

verb indicating completion of action	(...)wánle; (...)hǎole	完了；好了
verb suffix indicating experience	-guo	—过
very	hěn	很
Victoria	Wéiduōlìyà	维多利亚
video recorder	lùyǐngjī; lùxiàngjī	录影机；录像机
video tape	lùxiàngdài	录像带
Vietnam	Yuènán	越南
village	cūnzi	村子
vinegar	cù	醋
violin	tíqín	提琴
visible	kàndejiàn	看得见
visit, to	cānguān; fǎngwèn	参观；访问
visit (friends), to	kàn	看
vivacious	huópo	活泼
voice	shēngyīn	声音
volleyball	páiqiú	排球

W

waist	yāo(bù)	腰(部)
wait a moment	děng yīxià; děng (yi)děng	等一下；等(一)等
wait a moment	děng yīhuìr	等一会儿
waiter	fúwùyuán	服务员
wake up, to	xǐng	醒
walk, to	zǒu(lù)	走(路)
walk the dog, to	dài gǒu sànbù	带狗散步
wall	qiáng	墙
wallet	qiánbāo	钱包
W.A. (Perth)	Xī'ào (Pèisī)	西澳(佩思)

war	zhànzhēng	战争
ward	bìngfáng	病房
wardrobe	yīchú	衣橱
wardrobe	yīguì	衣柜
warm	nuǎn(huo)	暖(和)
war memorial	lièshì jìniàntáng	烈士纪念堂
warm-hearted	rèqíng	热情
warm oneself, to	qǔnuǎn; kǎohuǒ	取暖；烤火
warm water	wēnshuǐ	温水
was	shì	是
wash	xǐ	洗
wash clothes, to	xǐ yīfu	洗衣服
washing machine	xǐyījī	洗衣机
washing powder	xǐyīfěn	洗衣粉
wash one's face, to	xǐliǎn	洗脸
wash the car, to	xǐchē	洗车
wash the dishes, to	xǐ wǎn	洗碗
wasteful	làngfèi	浪费
wastepaper basket	zìzhǐlǒu	字纸篓
watch, to	kàn	看
watch	(shǒu)biǎo	(手)表
watchmaker's	zhōngbiǎodiàn	钟表店
watch television, to	kàn diànshì	看电视
water	shuǐ	水
watermelon	xīguā	西瓜
water ski	huáshuǐ	滑水
water (the plants), to	jiāoshuǐ	浇水
wave	làng	浪
we	wǒmen	我们
weak	ruò	弱

weak (taste or alcohol)	dàn	淡
wear (hats,accessories,jewelry), to	dài	戴
wear (skirts,pants, socks,etc.), to	chuān	穿
weather	tiānqì	天气
weatherman	qìxiàngyuán	气象员
weather report	tiānqì yùbào	天气预报
Wednesday	xīngqīsān	星期三
week	xīngqī; lǐbài	星期；礼拜
week-end	zhōumò	周末
weigh, to	chēng	称
weight	zhòngliàng	重量
welcome	huānyíng	欢迎
well	hǎo	好
well	nàme; nème	那么
well again, be	hǎole	好了
well-behaved	guāi; tīnghuà	乖；听话
well known	yǒumíng(de)	有名（的）
were	shì	是
west	xī(fāng)	西（方）
Western Australia	Xīào	西澳
western food	xīcān	西餐
Western medicine	xīyī	西医
Western painting	Xīyánghuà	西洋画
wet	shī	湿
wharf	mǎtou	码头
what	shénme	什么
what age	duō dà; duōshao suì	多大；多少岁
What happened ?	zěnme huí shì ?	怎么回事？
What is the time ?	jǐdiǎn zhōng ?	几点钟

What is your given (first) name ?	nǐ jiào shénme (míngzi)?	你叫什么(名字)？
What is your surname?	nín guìxìng (formal); nǐ xìng shénme?	您贵姓； 你姓什么？
wheat	xiǎomài	小麦
when (he came)	(tā lái) deshíhou	(他来)的时候
when the time comes	dào shíhou	到时候
when (what time ?)	shénme shíhou	什么时候
where	nǎli; nǎr	哪里；哪儿
where	(zài) nǎr; nǎli	(在)哪儿；哪里
which day ?	něitiān	哪天
which (one)	nǎge; něige	哪个
which (one)	nǎ; nǎge	哪(个)
which (ones)	nǎxiē	哪些
which place	nǎli; nǎr	哪里；哪儿
which subject ?	něiménkè; něikē	哪门课；哪科
which subjects ?	něi jǐménkè; něixiē kē(mù)	哪几门课； 哪些科(目)
which tone ?	dìjǐshēng	第几声
while (during)	... de shíhou	…的时候
whisky	wēishìjì(jiǔ)	威士忌(酒)
white	báisè	白色
white spirit (from sorgham or maize)	báijiǔ; báigān	白酒；白干
who	shéi; shuí	谁
Who is speaking ?	nǐ nǎr ?	你哪儿？
whole lot, the	zhěnggè; quánbù	整个；全部
whole night, the	yíyè; zhěngyè	一夜；整夜
whom	shéi; shuí	谁
whose	shéide; shuíde	谁的
why	wèishénme	为什么

why (?)	wèishénme	为什么
wide (range)	(guǎng)dà	(广)大
wife	qīzi; tàitai	妻子；太太
wild animals	yěshòu	野兽
win, to	yíng	赢
wind	fēng	风
window	chuānghu	窗户
windy	guāfēng	刮风
wine	jiǔ	酒
wine (Chinese - rice based)	huángjiǔ; mǐjiǔ	黄酒；米酒
wine (grape)	pútaojiǔ	葡萄酒
wine - red	hóngpútaojiǔ	红葡萄酒
wine - white	báipútaojiǔ	白葡萄酒
winter	dōngtiān; dōngjì	冬天；冬季
wipe, to	cā gān	擦干
wipe, to	cā	擦
wish, to	xīwàng	希望
(together) with	gēn; hé	跟；和
with (a tool)	yòng	用
with ice	bīng	冰
within	-yǐ 'nèi	—以内
within ...	... zhīnèi	…之内
wok	guō	锅
wok stirrer	guōchǎn	锅铲
woman	nǚrén; nǚde	女人；女的
wonderful	hǎo jíle	好极了
won't do	bùxíng	不行
wonton	húntun	馄饨
wood	mù(tou)	木(头)
(knitting) wool	máoxiàn	毛线
wool	yángmáo	羊毛

woollen cloth	máoliào	毛料
word	zì; Hànzì	字；汉字
work	gōngzuò	工作
work	zuò shì; gōngzuò	做事；工作
work as...	dāng...	当…
worker	gōngrén	工人
world	shìjiè	世界
worm	páchóng	爬虫
worried	fánnǎo; zháojí	烦恼；着急
wrap	bāoqilai	包起来
wrap	bāo	包
write	xiě	写
write a letter	xiě xìn	写信
write out the bill	kāi (dān)	开(单)
writer	zuòjiā	作家
wrong	cuò; búduì	错；不对

Y

Yangtze River	Chángjiāng; Yáng-zǐjiāng	长江；扬子江
year	nián	年
year after next, to	hòunián	后年
year before last, the	qiánnián	前年
years of age	suì	岁
yellow	huángsè	黄色
Yellow River	Huánghé	黄河
Yellow Sea	Huáng Hǎi	黄海
yes	shì(de)	是(的)
yes	duì(le)	对(了)
yes (correct)	duì; duìle	对(了)
yesterday	zuótiān	昨天
yield to, to	(duì...) ràngbù	(对…)让步

yoghurt	suān (niú)nǎi	酸(牛)奶
you are too kind/ polite	nǐ tài kèqi(le)	你太客气(了)
you flatter me!	nǎli(nǎli)	哪里(哪里)
young	niánqīng	年轻
young (followed by surname - used more in P.R.C.)	xiǎo	小
young person	niánqīngrén	年轻人
you (plural)	nǐmen	你们
you (singular)	nǐ	你
you (singular - polite form)	nín	您
Yuan (Mongol) Dynasty	Yuáncháo	元朝
Yumcha (eat snacks Cantonese style)	yǐnchá	饮茶

Z

Zaire	Zāyīěr	扎伊尔
zero	líng	零
Zimbabwe	Jīnbābùwéi	津巴布韦
zoo	dòngwùyuán	动物园

Appendix 2
Chinese to English Glossary

A

a	final / question particle	19.5
ā-	for certain nouns (including surname and other appellations to indicate good friendship or acquaintance)	19.7
A bǐ B ...	A is ... than B	15.2
A bǐ B ... de duō	A is much ... than B	15.2
Āgēntíng	Argentina	9.2
ǎi	short (stature)	2.2; 18.2
ài	love	2.9
Àiěrlán	Ireland	9.2
àihào	hobby	14.3
àiren	husband or wife (P.R.C)	2.12
A méiyǒu B ...	A is not as ... as B	15.2
ànlíng	to press the doorbell	8.4
ānmián yào	sleeping pill	2.7
ānquán	safety	9.6
ānquándài	safety belt	9.5
ānshù	eucalyptus	1.7
ànzhào...	according to	15.8
Àobì	dollars (Australian)	7.3
Àodàlìyà	Australia	9.2
Ào(dàlìyà)shì zúqiú	Australian rules football	14.5
àomàn	arrogant	2.11

Àomén	Macau	3.4
Àozhōu	Australia (continent)	9.2
Àozhōurén	Australians	3.6
āyí	aunt (general polite address to adult women by children)	2.12

B

ba	final / question particle (indicating suggestion or mild command)	19.5
bā	eight (8)	18.1
bǎ	bunch of; objects with handles	18.8
bǎ A jièshào gěi B	to introduce A to B	14.2
bàba	dad	2.12
bàbamāma (informal)	parents	2.12
bàgōng	strike	10.9
bǎi	to set (the table)	5.1
(yī)bǎi	hundred (100)	18.1
báicài	cabbage (vase)	5.6
báicài niúròutāng	cabbage and beef soup	5.7
báifàn	rice (plain)	5.7
bǎifēn zhī...	...per cent	12.8
báigān	white spirit (from sorghum or maize)	5.8
bǎihuògōngsī	department store	7.1
bǎihuò(shāng)diàn	department store	7.1; 9.8
báijiǔ	white spirit (from sorghum or maize)	5.8
báilándì	brandy	5.8
báipútaojiǔ	wine - white	5.8
báiqièjī	plain cut chicken	5.7

báirìmèng	day dream	2.4
báisè	white	6.5
báitiān	daytime	17.10
bǎiyèlián	venetian blinds	8.5
bān	to move; to shift	16.1
bǎng	to tie	8.9
bàng	pound	18.3
bàn(ge)	half	18.1
bàn'ge yuè	half a month	17.6
bàn'ge zhōngtóu	half-an-hour	17.11
bāngmáng	to help; to assist	14.1
bàngōng shíjiān	office hours	17.1
bàngōngshì	office	9.8; 10.7
bàngqiú	baseball	14.5
bāngshǒu	helper	14.1
bāngzhù	to help; to assist	14.1
bān(jiā)	to move (house)	8.4
bānmǎxiàn (lit. zebra lines)	pedestrian crossing	9.3
bànnián	half year	17.5
bǎnqiú	cricket	14.5
bàntiān	half a day; a long time	17.1
bànyè	(in the) middle of the night	17.10
bānyùngōng(rén)	porter	2.14
báo	thin (dimension)	18.1
bǎo	to be full; to be sated	5.1; 18.7
(pí)bāo	(leather) bag	6.3
bāo	packet of	7.2; 18.8
bāo	to wrap	13.6
bāoguǒ	parcel; packet	13.6
bǎolíngqiú	bowling	14.5
bāoqilai	to wrap	7.2

bāo(xīn)cài	cabbage	5.6
bào(zhǐ)	newspaper	11.3
bāozi	steamed stuffed bun	5.7
báo(zi)	hail	1.5
Bāxī	Brazil	9.2
bāyuè	August	17.7
bēi	cup of	18.8
bèi	back	2.2
bèi	(...ed) by (passive voice)	19.4
bēiāi	sad	2.8
Běibīngyáng	Arctic Ocean	9.4
běi(fāng)	north	16.4
Běifāngcài	Northern food	5.7
Běihǎi	North Sea	9.4
Běihǎi gōngyuán	Beihai Park	3.2
Běijīng kǎoyā	Peking duck	5.7
Běijīng Yǔyán Xuéyuàn	Peking Languages Institute	3.1
bēijù	tragedy	11.9
bèizi	quilt	8.3
bēi(zi)	cup; glass	5.11
běn	books U.M.; magazines U.M.	18.8
bèn	stupid	2.11
běndìrén	local people	9.1
bǐ	pen	13.5
biàn	time; occasion	17.3
biànchéng	to change into	15.1
(jiācháng) biànfàn	ordinary everyday food	5.1
biànhuà	change	10.2
biànhuàde hěn kuài	rapidly changeable	1.5
biànhù	to defend	10.4

biānjí	editor	2.14
biān(r)	...side	16.4
biàn yīntiān	(to become) cloudy	1.5
(shǒu)biǎo	watch	6.3
biāodiǎn (fāngfǎ)	punctuation	11.2
biǎoyáng	to praise; to commend	2.9
bǐdài	pencil case	13.5
bǐ ... duō	more than ...	18.7
bǐ (eg. bǐ X gāo)	compared to (eg. to be taller than X)	19.4
bié kèqi	don't mention it! there's no need to be polite	4.3
biérén	other person(s)	2.13
biézhēn	(decoration) pin	6.3
bǐfāng shuō	for example	19.3
bǐhé	pencil case	13.5
bǐhuà	stroke (of a character)	3.3
bǐjiào	comparatively	18.6
bǐjìběn	note book	13.5
bīng	ice; with ice	5.8
bìng	sickness; illness	2.6
bīngbàng	icy pole	5.4
bīng dòng(de)	frozen	5.4
bìngfáng	ward	2.7
bǐnggān	biscuits	5.4
bīnggùnr	icy pole	5.4
bìngle	to be sick	2.6
bīngqílín	icecream	5.4
bìngrén	patient	2.7
bīngshuǐ	chilled water	5.8
bīngxiāng	refrigerator	8.6
bǐsài	to compete; competition	14.4

bìyào	necessary	15.3
bìyè	to graduate	12.1
bǐyǒu	penfriend	14.1
bízi	nose	2.2
bóbo	uncle (father's older brother)	2.12
bóbo	uncle (general polite address to friend's father or to adult man by child)	2.12
bōcài	spinach	5.6
bófù	uncle (father's older brother)	2.12
Bōlán	Poland	9.2
bōli	glass	8.8
bōlibēi	glass; tumbler	5.11
bōluó	pineapple	5.5
bómǔ	aunt (father's older brother's wife) (also polite address to friend's mother)	2.12
bóshì	doctor (Ph.D)	2.14
bówùguǎn	museum	9.8
bōyīnyuán	announcer	2.14
bózi	neck	2.2
bù	cloth	6.4
bù	no	13.3
bù	cars U.M.; vehicles U.M.	18.8
bù	set of	18.8
bùcháng	seldom; rarely	17.3
búdàn ... érqiě	not only ... but also	19.3
búduì	no (incorrect)	4.2
búduì	wrong; incorrect	12.7
bùgǎndāng	I don't deserve it (after compliment)	4.2
búguò	still; nevertheless	15.8

bùhǎo yìsi	embarrassed	2.8
bùhéshì	doesn't fit	6.1
bùjígé	to fail	12.8
bùrú...	not as good as	15.2
bùshǒu	radical	3.3
bùshūfu	unwell; uncomfortable	2.6
bútàiduō	not very much (many)	18.5
bùtián	dry	5.9
bùtóng	different	15.2
bùxié	shoes - cloth	6.3
bùxíng	won't do; no way	13.3
búyàole	no more (not wanting more)	4.2
bùyíyàng	different	15.2
bú(yòng) kèqi	don't mention it! there's no need to be polite	4.3
búyòng xiè	not at all; don't thank me!	4.3
bùzhǎng	minister	10.3

C

cā	to wipe; to polish	8.7
cā gān	to wipe; to dry	2.5
càidān	menu	5.3
càidòu	string beans	5.6
cáiféng	tailor	2.14; 6.1
cáiféngdiàn	tailor's shop	7.1
càihuā	cauliflower	5.6
càipù	greengrocer's	7.1
cǎisè diànshì(jī)	color television	11.4
cáiwù	treasurer	2.14
cáizhèngbùzhǎng	treasurer	2.14
cān	meals U.M.	5.1

cānguān	to visit; to tour; to inspect	9.7
cāngyíng	flies	1.9
cānjiā	to participate	10.1
cānjiā kǎoshì	to sit (for exams)	12.8
cānjīn	napkin	5.11
cāntīng	cafeteria	5.3
cāntīng	dining room (in a hotel)	5.3
cǎo	grass	1.7
cǎodì	lawn	1.7; 8.4
cǎoméi	strawberry	5.5
cǎozhǐ	toilet paper	2.5; 8.5
cāwǎnbù	dishcloth	8.7
céng	storey	8.1
céng	storey of	18.8
cèsuǒ	toilet	8.2; 8.5
cèsuǒ	public convenience; toilet	9.8
chá	tea	5.8
chábēi	teacup	5.11
chàbuduō	about; almost	18.4; 18.7
chàbuduō	just about; almost	18.6
chàbuduō ...	about; more or less	17.1
cháhú	tea pot	5.8
chájī	coffee table	8.3
cháng	to taste	5.9
cháng	long	6.1; 18.2
chǎng	session (music)	11.8
cháng(cháng)	often	17.3
(Wànlǐ) Chángchéng	Great Wall	3.2
chángduǎn	length	18.1; 18.2
chángdù	length	18.1; 18.2
chànggē	to sing	14.3
chàng (gē)	to sing (a song)	11.8

Chángjiāng	Yangtze River	3.4
chángjǐnglù	giraffe	1.9
chángpǎo	cross country running	14.5
chàngpiàn	record	11.4
chàng shī	to sing hymns	11.6
chángtú diànhuà	long distance call	13.7
chángwà(zi)	stockings	6.2
chǎngzhǎng	factory manager	2.14
Chángzhēng	Long March	3.5
chǎnpǐn	the produce	10.8
chǎnwù	the produce	10.8
cháo	toward	19.4
chǎo	to stir fry	5.10
cháo(dài)	dynasty	3.5
chǎofàn	rice (fried)	5.7
chāoguò	more than	18.7
chāojí shìchǎng	supermarket	7.1
chǎomiàn	noodles - fried	5.7
chāopiào	notes; paper money	7.3
Cháoxiān	Korea	9.2
chāoxiě	to copy	12.7
chāshàng	to plug in	11.4
(diàn)chātóu	plug (electric)	8.5
chā(zi)	fork	5.11
chá (zìdiǎn)	to consult (a dictionary)	11.2
chēfáng	garage	8.1
(chū)chēhuò	(to have) an accident	9.5
chēhuò	car accident	9.6
chēng	to weigh	13.6
chéngrén diànyǐng	R-rated movie	11.9
chéngshì	city	9.2
chéng(shì)	cities	3.4

chéngwéi	to become	15.1
chéngzi	orange	5.5
chènshān	shirt	6.2
chènyī	blouse	6.2
chènyī	shirt	6.2
chēpéng	carport	8.1
chēzhàn	stop (bus tram etc.)	9.5
chēzi	car; vehicle	9.5
chībulái	not fond of eating (a certain food)	5.1
chībuxià	unable to eat (any more)	5.1
chídào	to arrive late	9.7
chī fàn	to eat a meal	5.1
chī gēn hē	to eat and drink	5.1
chīguole ma?	Have you eaten yet? (="hello", said around mealtimes)	4.1
chīguole méiyou?	Have you eaten yet? (="hello", said around mealtimes)	4.1
chī yào	to take medicine	2.7
chízi	pond	1.3
chǐ(zi)	ruler	13.5
chǒnghuàile	spoilt	2.11
chǒngwù	pets	1.8
chóng(zi)	insect	1.9
chóu	thick (consistency)	18.1
chōuti	drawer	8.5
chōuyān	to smoke	5.12
chóuzi	silk fabric	6.4
chuán	boat; ship	9.5
chuān	to wear (skirts,pants,socks,etc.)	6.1
chuàn	string of	18.8
chuáng	bed	8.3

chuángdān	sheet	8.3
chuānghu	window	8.5
chuānglián	curtains	8.5
chuángzhàor	bedspread	8.3
chuánjiàoshì	priest	11.6
chuántǒng	tradition	11.1
chuántǒngde	traditional	11.1
chūbǎnjiā	publisher	2.14
chūbǎnrén	publisher	2.14
chúcǎojī	lawn mower	8.8
chúfáng	kitchen	8.2
chūfā	to set off	9.7
chuī	to blow	1.5
chuī	to blow (woodwind or brass instrument)	11.8
chuízi	hammer	8.8
chūkǒu	export	10.10
chūlái	to come out	8.4; 16.1
chúle ... (yǐwài)	apart from	15.2
chúle ... (yǐwài)	except for	19.4
chún-	pure (eg. mathematics)	12.5
chū'nàyuán	cashier	2.14; 7.2
Chūnjié	Spring Festival; Chinese New Year	3.1
chūnjì	spring	17.6
chūnjuǎn	spring roll	5.7
chūntiān	spring	1.6; 17.6
chūqu	to go out	16.1
chúshī	cook	2.14
chūshì	(to have) an accident	9.5
chūzhōng	junior school (years 7-9)	12.2
chúzi	cook	2.14

chūzūqìchē	taxi	9.5
cì	times; occasions	17.1; 17.3
cídài	tape	11.4
cídiǎn	dictionary	11.2
cìsuǒ	public convenience; toilet	9.8
cóng	from	17.1; 19.4
cōng	spring onions; shallots	5.6
cóngjīn yǐhòu	from now on	17.1
cónglái	all along	17.1
cōngming	clever; intelligent	2.11
cóngqián	once upon a time; in the past	17.1
cóngtóu dàowěi	from beginning to end	17.1
cū	coarse	18.1
cù	vinegar	5.4
cūnzi	village	9.2
cuò	wrong; incorrect	12.7
cuò(wù)	mistake(s)	12.7

D

dǎ	to play (hit or strike)	14.5
dà	large	18.1
(guǎng)dà	wide (range)	18.1
dá	dozen of	18.8
dàbàn	the majority	18.1
dàbiàn	to defecate	2.5
dàbùfèn	most	18.1
dǎbutōng	engaged (telephone)	13.7
dǎ diànbào	to send a telegram	13.7
dǎ diànhuà	to telephone	13.7
Dáěrwén	Darwin	3.6
dàfēngyǔ	storm	1.5
dàgài	generally; probably	18.4

dàgài (shì / yǒu) duōshao	about how many	18.4
dǎhuǒjī	lighter	5.12
dài	to wear (hats, accessories, jewellery)	6.1
(pí)dài	(leather) belt	6.3
dài	bag of	18.8
dàibiǎo	to represent; representative	10.3
dàibiǎoxìngde	representative	15.2
dǎibǔ	to arrest	10.5
dàifu	doctor; physician	2.7; 2.14
dài gǒu sànbù	to walk the dog	1.8
dàikòu	buckle	6.1
dài (lai/qu)	to bring along	15.4
dàishǔ	kangaroo	1.9
dàishù	algebra	12.5
dàiyè	unemployed	2.14
dǎjiǎo (nǐ) le	I have troubled you	4.2
dàjiā	everyone	2.13
dàle	loose	6.1
dǎléi	to thunder	1.5
dǎ lǐngdài	to tie a tie	6.3
dàlóu	building (multi storey or of large size)	8.1
dàlù	mainland	1.2
dàmài	barley	10.8
dǎ májiàng	to play mahjong	14.3
dàn	weak (taste or alcohol)	5.9
(zhèng)dǎng	(political) party	10.3
dāng...	to work as...	2.14
dàn'gāo	cake	5.4
dāngrán	of course	15.8

dāngshí	at that time (then)	17.1
dāngxīn	to take care; to look out	2.8
dānrén fáng(jiān)	single room (in a hotel)	8.2
dànshì	but; however	15.8; 19.3
(jī)dàn (zhǔ, jiān, chǎo)	egg (boiled, fried, scrambled)	5.4
dànzifáng	billiard room	8.2
(hǎi)dǎo	island	1.2
dào	to attend; to be present	12.6
dào	to arrive	16.1
dào	course (of food)	5.1; 18.8
dào	to; go to	19.4
dāochā	knife and fork	5.11
dào lājī	to put the rubbish out	8.7
dàole	to have arrived	9.7
dǎoméi	out of luck; have bad luck	2.9
dào shíhou	when the time comes	17.1
dǎoyǎn	director (drama)	11.9
dǎoyóu	tour guide	9.7
dàozi	rice	10.8
dāo(zi)	knife	5.11
dǎ(pūkè)pái	to play cards	14.3
dǎ qiú	to play a ball game	14.4
dàrén	adult	2.1
dǎsǎo	to tidy and sweep	8.7
dàshān	(high) mountain	1.2
dàshēng	(in) a loud voice	13.2
dàshǐ	ambassador	10.11
dàshǐguǎn	embassy	10.11
dàtuǐ	thigh	2.2
dàxiǎo	size	18.1
Dàxīyáng	Atlantic Ocean	9.4

dàxué	university	12.2
dàxuéshēng	university student	12.3
dàxué yīniánjí	university first year	12.4
dàyī	overcoat	6.2
dàyì	careless	2.11
(gēn...) dǎ zhāohu	to greet	4.3
dǎ zhēn	injection	2.7
dǎ zhǐpái	to play cards	14.2
dǎzìjī	typewriter	13.5
dǎzìyuán	typist	2.14
de	final particle	19.5
de	subordinating particle (used after an expression to indicate possession or its descriptive function and also used in a resultative compound)	19.5
Déguó	Germany	9.2
(diàn)dēng	light; lamp	8.5
Dēngjié	the Lantern Festival	3.1
děng(yi)děng	wait a moment	4.2
děng yīhuìr	wait a moment	17.1
děngyixià	wait a moment	4.2; 17.1
dèngzi	stool	8.3
dī	low	18.2
dī	drop of	18.8
(tǔ)dì	earth; land	1.2
dì-	for ordinal number (ranking)	19.7
... diǎn bàn(zhōng)	half past ...	17.11
diànbào	telegram	13.7
diǎn cài	to order food	5.3
diànchàngjī	record player	11.4
diànchē	tram; trolley bus	9.5

diàngōng	electrician	2.14
diànhuà	telephone	13.7
diànhuàběn	telephone directory	13.7
diànhuàbù	telephone directory	13.7
diànhuà hàomǎ	telephone number	13.7
diànhuàjiēxiànshēng	switchboard operator	2.14
diànhuàtíng	telephone booth	9.8
diǎn huǒ	to light a fire	8.6
diànjìshī	electrician	2.14
diànlú	stove - electric	5.11
diànnǎokèchéng	computer studies	12.5
diànnǎo zhuānjiā	computer specialist	2.14
diànshàn	electric fan	8.6
diànshì(jī)	television (set)	11.4
diàntái	station (T.V. or radio)	11.4
diàntī	lift; elevator	8.5
diǎnxīn	snacks	5.1
diǎnxīndiàn	pastry shop	7.1
diǎnxíngde	typical	15.2
diànyǐng	movie	11.9
diànyǐngyuàn	cinema; picture theatre	9.8; 11.9
diànyuán	salesperson; shop assistant	2.14
diǎn(zhōng)	o'clock	17.11
diànzhǔ	shopkeeper	2.14
diànzi	cushion	8.5
diànzǐ yīnyuè	electronic music	11.8
diào	to fall down; to drop	16.1
diàochá	to investigate	11.5
diāosù	sculpture	11.7
diāosùjiā	sculptor	11.7
diào yú	to fish	14.3
dìbǎn	floor	8.5

dǐcéngdào	underpass	9.3
dìdi	brother (younger)	2.12
dié	dish of	18.8
diēdǎo	to trip; to tumble	16.1
dìèr shēng	second tone	3.3
dìfang	place; location	16.3
dìjǐshēng	which tone ?	3.3
dìlǐ	geography	12.5
dìng	to order (from shop)	7.2; 15.4
díquè	certainly; definitely	15.8
dìqū	region	9.2
dìsān shēng	third tone	3.3
dísīkě wǔtīng	disco	9.8
dísīkě yèzǒnghuì	disco	9.8
dísīkě	disco	11.8
dìsì shēng	fourth tone	3.3
dìtǎn	carpet; rug	8.5
dìtú	map	9.1
diū	to throw; to cast; to lose	16.1
dìxiàdào	underpass	9.3
dìxiàtiědào	underground	9.5
dìyícì	for the first time	17.2
dìyícì	the first time	17.3
dìyījié kè	first period (etc.)	12.6
dìyī shēng	first tone	3.3
dìyù	hell	11.6
dìzhèn	earthquake	1.4
dìzhǐ	address	13.6
Dìzhōnghǎi	Mediterranean Sea	9.4
dǒng	to understand	2.10
dòng	buildings U.M.	8.1; 18.8
dōng(fāng)	east	16.4

Dōng Hǎi	East China Sea	3.4; 9.4
dōngjì	winter	17.6
Dōngnányà	South-East Asia	9.2
dòng shǒushù	to undergo an operation	2.7
dōngtiān	winter	1.6; 17.6
dòngwù	animal	1.8
dòngwùyuán	zoo	1.8; 9.8
dōngxi	thing	15.1
dòufu	bean curd	5.7
dòuhào	comma	11.2
dòuyá	bean shoots	5.7
-dù	degrees	1.5
dú	to read	13.4
duǎn	short	6.1; 18.2
duàn	to break; to snap	8.9
duàn	paragraph	11.2
duàn	section of	18.8
duǎnkù	shorts	6.2
duànle	be cut off (telephone)	13.7
duǎnshān	blouse	6.2
Duānwǔ jié	Dragonboat Festival	3.1
duǎnyǔ	phrase	11.2
duànzi	satin	6.4
duī	pile of	18.8
duì	yes (correct)	4.2
duì	right; correct	12.7
duì	team	14.4
duì	pair of	18.8
duì	team of	18.8
duìbuqǐ	excuse me!; sorry!	4.3
duì...hǎo	kind to	2.11
duìle	yes (correct)	4.2

duì(le)	yes; that's right	13.3
duìmiàn	opposite side	16.3; 16.4
duìwài màoyì	foreign trade	10.10
duì...yǒu xìngqù	enthusiastic about; interested in	2.9; 14.3
duìyuán	player; team member	14.4
duì(zhe)	facing	19.4
dūn	ton	18.3
dùn	meals U.M.	5.1; 18.8
dùn	to simmer	5.10
dùn	blunt	8.8
duǒ	flowers U.M.	1.7; 18.8
duōbàn	for the most part; most probably	15.3
duō cháng	How long (length) ?	18.4
duō dà	what age	19.2
duōdeduō	a lot more	18.4
duō jiǔ	How long (time)?	17.1; 18.4
duōshao	How many? How much?	18.4
duōshao qián	How much money?	18.4
duōshao qián	How much (does it cost)?	7.3
duōshao (qián)	How much (money)	19.2
duōshao suì	what age	19.2
duō shù	the majority	18.1
duō yìdiǎr	a little more	18.4
duō yuǎn	How far (distance) ?	18.4
duō yuǎn / cháng	How far / long ?	19.2
dùzi	abdomen	2.2
dùzi	stomach	2.2

E

è	to be hungry	5.1

Éguó	Russia; Soviet Union	9.2
èr	two (2)	18.1
ěrduo	ear	2.2
èrhào	second (day of the month)	17.9
ěrhuán	ear-rings	6.3
èrniánjí	second year	12.4
érqiě	also	19.3
èrshíhào	twentieth (day of the month)	17.9
èryuè	February	17.7
érzi	son	2.12

F

fǎguān	judge	2.14; 10.4
Fàguó; Fǎguó	France	9.2
fǎlü	law	10.4
fǎlüxué	legal studies	12.5
fāmíng	to invent; invention	11.5
(mǐ)fàn	rice (cooked)	5.7
fàn	cooked rice	10.8
fàndiàn	hotel	5.3
(dà)fàndiàn	hotel; inn	9.7
fǎnduì	to oppose	10.3
fǎnduìdǎng	opposition party	10.3
fàng	to release	10.5
fàng	to put; to place	16.1
fāngbiàn	convenient; handy	2.9
fāngfǎ	method	11.5
fàng hánjià	to be on winter holiday	12.1
fàngjià de shíhou	in the holidays	12.1
fángjiān	room	8.2
fàng (jìn)	to put into	16.1
fàng shǔjià	to be on summer holiday	12.1

fànguǎn	restaurant	9.8
fànguǎnr	restaurant	5.3
fǎngwèn	to visit; to tour; to inspect	9.7
fángwū	houses; buildings (domestic)	8.1
fàng(xia)	to put down; to place	16.1
fāngxiàng	direction	16.4
fàngxīn	to be relieved	2.8
fàngxué	end of school day	12.6
fāngyán	dialect	3.3; 13.1
fàngzài yìqǐ	to put together	16.1
fángzhǔ	home owner	8.4
fángzi	house	8.1
fángzū	the rent	8.4
fánnǎo	worried	2.8
fānqié	tomato	5.6
fànrén	prisoner	10.5
fàntīng	dining room	5.3; 8.2
fántǐzì	complex characters	3.3
fānyì	translator; interpreter	2.14
(kāi)fāpiào	(write out a) receipt	7.2
fā píqi	to lose one's temper	2.8
fāshāo	to have a fever	2.6
fāshēng	to happen	1.4
fá wǒ liúxiào	(He) gave me a det	12.6
fāxiàn	to discover; discovery	11.5
fāyīn	pronunciation	13.1
fǎyuàn	law court	10.4
fāzhǎn	to develop	10.6
fēi	to fly	1.8
fèi'ái	lung cancer	5.12
fèi(bù)	lung	2.2
fēicháng	extremely	15.3

fēicháng	exceedingly	18.7
fēijī	aeroplane	9.5
fēijīchǎng	airport	9.5; 9.8
Fēilǜbīn	Philippines	9.2
fēixíngyuán	pilot (aircraft)	2.14
féizào	soap	2.5; 8.7
Fēizhōu	Africa	9.2
fēn	cent	7.3
fēn	points; score	14.4
fēn	minutes	17.11
(bù)fèn	shares; parts of	18.1
fēnbié	be divided (people); to part	14.1
fěnbǐ	chalk	12.6
fēn (chéng)	to share; to divide into	18.1
féng	to sew	6.1
fēng	wind	1.5
fēng	letters U.M.	13.6; 18.8
fēngbào	storm	1.5
fēngjǐng	scenery	9.7
féngrènjī	sewing machine	6.1
fēnhào	semi-colon	11.2
fěnhóngsè	pink	6.5
fēnpèi	to distribute	15.4
fēnsòng	to distribute	15.4
fójiào	Buddhism	11.6
fóxiàng	Buddhist statue	11.6
fūfù	husband and wife	2.12
fùhuójié	Easter	11.6
fùjìn	neighbourhood	9.2
fùjìn	around; environs	16.3
fùjìn	near; close by	18.2
fùmǔ	parents	2.12

fūqī	husband and wife	2.12
fùqián	to pay	7.2
fùqin	father	2.12
fūren	madam	2.15
fúwùyuán	attendant	2.14
fúwùyuán	salesperson; shop assistant	2.14
fúwùyuán	waiter	5.3
fùxí	to review; a review	12.7
fùxiàozhǎng	deputy headmaster	12.3
fùyìn	to photocopy	12.6
fùzá	complicated	15.6
fùzérén	person in charge	10.10
fúzhuāngdiàn	dress maker's	7.1

G

gài	to build	8.1
gǎibiàn	change	10.2
gālí	curry	5.4
gān	dry	5.9
gānbēi	cheers! bottoms up!	4.2
gànbù (gāojí gànbù)	cadre (high level cadre)	2.14
gāngbǐ	pen	13.5
gāngcái	just; a little while ago	17.1
gānghǎo	just right	18.6
gāngqín	piano	11.8
gānjìng	clean (adjective)	6.1; 8.7
gǎn kuài	hurry	17.1
gǎn kuài	to hurry up	17.4
gānlán	broccoli	5.6
gǎnlǎnqiú	rugby	14.5
gǎnmào	to have a cold	2.6
gānxǐ	dry clean	6.1

gānxǐdiàn	dry cleaner	7.1
gānyījī	(clothes) dryer	8.7
gāo	high; tall	2.2; 18.2
gāoǎi	height	18.2
gāobǐngdiàn	pastry shop	7.1
gāodù	height	18.2
gāodùchuánzhēn	hifi	11.4
gāo'ěrfūqiú	golf	14.5
gàofā	to prosecute	10.4
gǎogānjìng	to clean	8.7
gāoshān	(high) mountain	1.2
gàosu	to tell; to inform	13.2
gāosùgōnglù	freeway	9.3
gāowán	testis	2.2
gāoxìng	happy	2.8
gāozhōng	senior school (years 10-12)	12.2
gè	common U.M. for persons and most objects	18.8
gè	course (of food)	5.1; 18.8
gēbei	arm	2.2
gēbo	arm	2.2
gēchàngjiā	singer	2.14; 11.8
gèchù	everywhere	16.3
gēge	brother (older)	2.12
gěi	to give	15.4
gěi	to give to	19.4
gējù	opera	11.8
Gējùyuàn	Opera House	3.6
gémìng	revolution	3.5
gēn	root	1.7
gēn	cigarettes U.M.	18.8
gēn	a stick of	18.8

gēn	and (used between words)	19.3
gēn	(together) with	14.1; 19.4
gēn...bǐ	comparing	19.4
gēn...chéngtào	to match ...	6.1
gèng...	even more	15.2
gēn...jiè(qián)	to borrow (money) from	10.10
gēnjù...	according to	15.8
gēn...yǒu yuēhuì	to have a date with ...	14.2
gēn...zhàoxiàng	to photograph	14.3
gēshǒu	singer	2.14
gèzhǒng	all kinds (of)	15.2
gēzi	pigeon	1.9
gèzi	frame (of a person)	2.2
gōng-	male (of animals)	1.8
gōng'ānjú	police station	9.8; 10.5
gòngchǎn	Communist (adj.)	3.1
Gòngchǎndǎng	Communist Party	3.1
Gòngchǎndǎngyuán	Communist Party member	3.1
gōngchǎng	factory	10.9
gòngchǎnzhǔyì	communism	10.3
gōngchéngshī	engineer	2.14
gōngchǐ	metre	18.2
Gōngdǎng	Labor Party	10.3
gōngdì	construction site	8.1
gōngdūn	tonne	18.3
gōngfēn	centimetre	18.2
gōngfēn	gram	18.3
gōnggòngqìchē	bus; trolley bus	9.5
gònghéguó	republic	3.5
gōnghuì	trade union	10.9
gōngjīn	kilogramme	18.3
gōngjù	tool	8.8

gōnglí	millimetre	18.2
gōnglǐ	kilometre	18.2
gōnglù	highway	9.3
gōngqǐng	hectare	18.2
gōngrén	worker; labourer	2.14
gōngshēng	litre	18.3
gōngshè	commune	3.2; 9.2
gōngsī	company	10.10
gōngtóu	foreman	2.14
gōngwùyuán	public servant	2.14; 10.3
gōngxǐ	congratulations	4.2
gōngyè	industry	10.9
gōngyì	craft	12.5
gōngyòng diànhuà	public telephone	13.7
gōngyuán	park	9.8
gōngyuán(hòu) ...	... A.D.	17.5
gōngyuánqián ...	... B.C.	17.5
gōngyù	flat; apartment	8.1
gōngzuò	job; work	10.7
gōngzuò	to work	10.7
gǒu	dog	1.9
gòu	sufficient; enough	18.6
guà	to hang	8.4
guāfēng	windy	1.5
guàhàoxìn	registered mail	13.6
guā húzi	to shave	2.5
guāi	well-behaved; obedient	2.11
guǎi	to turn corners	16.1
guǎijiǎo	corner	9.3
guǎi yòu	to turn right	16.1
guǎi zuǒ	to turn left	16.1
guān	to close (door or window)	8.4

guān	to switch off	8.4; 11.4
guàn	can of	18.8
guǎngbō	to broadcast; broadcast	11.4
guǎngchǎng	square	9.3
Guǎngdōngcài	Cantonese food	5.7
Guǎngdōnghuà	Cantonese	3.3
guānguāng	to sightsee	9.7
guānguāngtuán	sightseeing group	9.7
guānxi	relation(ship)	15.1
guānyú	concerning ...	19.4
guǎnzi	restaurant	5.3
guā táifēng	blowing a typhoon	1.4
Gǔbā	Cuba	9.2
gǔdiǎn yīnyuè	classical item	11.8
gǔdǒngdiàn	antique shop	7.1
Gùgōng	Imperial Palace; Forbidden City	3.2
guì	expensive	7.3
gùkè	customer	7.2
gǔlǎoròu	sweet and sour pork	5.7
guō	saucepan; wok; pot	5.11
guō	pan of; saucepan of	18.8
guōchǎn	spatula; egg slice; wok stirrer	5.11
guódū	capital	3.6
guójiā	country	9.1
guójì	international	10.11
guǒjiàng	jam	5.4
guójì diànhuà	international call	13.7
guò(mǎlù)	to cross (the road)	9.3
Guómíndǎng	Nationalist Party	3.1
guò nián	to celebrate the New Year	17.5

Guóqìngrì	National Day	3.1
guòqù	in the past	17.1
guōtiēr	dumpling lightly fried	5.7
guówáng	king	10.3
guóyǔ	Standard Chinese (Mandarin)	3.3
guóyǔ	Standard Chinese	13.1
guǒzhī	fruit juice	5.8
gútou; gǔtou	bone	2.2
gùxiāng	hometown	9.2
gùyuán	employee	10.10
gǔzhé	fracture (of a bone)	2.7

H

hǎi	sea	1.3
hǎibiān	seashore	1.3
hǎibīn	seashore	1.3
háiméi...	not yet	17.1
háishì	or (used in forming a choice type question)	19.3
hǎitān	beach	1.3
hǎixiān	seafood	5.4
hàixiū	shy	2.11
háiyǒu	besides; in addition to that	19.3
hǎiyuán	sailor	2.14
(xiǎo)háizi	child	2.1
Hàncháo	Han Dynasty	3.5
hángkōngxìn	airmail	13.6
Hánguó	Korea	9.2
hànshān	T-shirt	6.2
Hàn-yīng (zìdiǎn)	Chinese-English (dictionary)	11.2
Hànyǔ	Standard Chinese (Mandarin)	3.3
Hànyǔ	Chinese (subject)	12.5

Hànyǔ	Chinese language	13.1
hànzāi	drought	1.4
Hànzì	characters	3.3
Hànzì	word; character	13.1
hǎo	good; fine	2.9; 13.3
hào	(house) number	9.3
-hào	day (of the month)	17.9
hǎochī	delicious; tasty	5.9
hào (dà - zhōng - xiǎohào)	size (large - medium - small)	6.1
hǎode	O.K. fine; I will	4.2
hǎo jíle	wonderful	2.9
hǎo jiǔ bújiàn	haven't seen you for ages	4.1
hǎokàn	good-looking; handsome	15.7
hǎole	to be well again	2.6
hǎole	completed	8.9
hǎoxiàng	to seem as if	15.2
hǎoxiào	funny	2.8
hǎoxiē	a good deal of	18.7
hē	to drink	5.1
hé	river	1.3
hé	box of	18.8
hé	carton of	18.8
hé	and (used between words)	19.3
hé	(together) with	19.4
héchéng xiānwéi	synthetic fibre	6.4
hēibǎn	blackboard	12.6
Hēihǎi	Black Sea	9.4
hēisè	black	6.5
hěn	very; rather	15.3
hèn	to hate	2.9
hěnduō	many; much; plenty of	18.7

hěn / hǎo jiǔ	for a long time	17.1
hěn huì...	good at...	2.11
hěnjiǔ yǐqián	a long time ago	17.1
hěn xiǎngniàn	to long for	2.8
hépíng	peace	10.11
héqì	gentle; sociable	2.11
hèsè	brown	6.5
héshàng	monk (Buddhist)	11.6
héshì	to fit	6.1
héshì	suitable	15.1
hézuò	co-operation	10.1
hóngchá	black tea	5.8
Hónghǎi	Red Sea	9.4
hónglǜdēng	traffic lights	9.3
hóngluóbo	carrot	5.6
hóngpútaojiǔ	wine - red	5.8
hóngsè	red	6.5
hóngshāoròu	pork braised in red sauce	5.7
hòu	thick (dimension)	18.1
hòubian	back; rear	16.3
hòuhuǐ	regret (after event)	2.8
hòulái	subsequently	17.1
hóulóng	throat	2.2
hóulóng téng	sore throat	2.6
hòumén	back entrance	8.5
hòunián	the year after next	17.5
hòutiān	day after tomorrow	17.8
hòutou	back; rear	16.3
hòuyuàn	backyard	8.4
hóuzi	monkey	1.9
hú	lake	1.3
hú	pot of; kettle of	18.8

huā	to take or use (time)	17.1
huà	speech; expression	13.1
huàbào	pictorial	11.3
huābiān	lace (border)	6.4
huábīng	ice skating	14.5
huācài	cauliflower	5.6
(mòlì)huāchá	jasmine tea	5.8
huáchuán	rowing	14.5
huādiàn	florist shop	7.1
huàhuàr	to draw; to paint (a picture)	14.3
huài	bad	2.9
huàile	broken; out of order	8.9
(chē) huàile	break down	9.5
huājiàng	gardener	2.14
huàjiā	artist; painter	2.14; 11.7
huàjù	a play	11.9
huàláng	art gallery	11.7
huàn	to change into	6.1
huán ...	to give back; to return something borrowed	15.4
huàn	exchange; change	7.2
huángdì	emperor	3.5
huángguā	cucumber	5.6
Huáng Hǎi	Yellow Sea	3.4; 9.4
Huánghé	Yellow River	3.4
huángjiǔ	wine (Chinese - rice based)	5.8
huángsè	yellow	6.5
huángsè diànyǐng	blue movie	11.9
huángyóu	butter	5.4
huànjùhuà shuō	in other words	19.3
huānyíng	welcome	4.4
huāpíngr	vase	8.5

huáqiáo	overseas Chinese	3.1
huā(r)	flower	1.7
huà(r)	painting	11.7
huāshēng(mǐ)	peanuts	5.4
huáshuǐ	water ski	14.5
huátou	shifty; untrustworthy	2.11
huáxuě	snow ski	14.5
huàxué	chemistry	12.5
huāyuán	garden	8.4
húdié	butterfly	1.9
huí	times; occasions	17.1; 17.3
huì	to know (from learning)	12.7
huì	able (result of learning)	15.1
huī(chén)	dust	8.7
huídá	answer	12.8
huídá	to answer	13.2
huíguōròu	twice cooked pork	5.7
huìhuà	conversation	13.2
huílai	to come back	16.1
huíqu	to go back	16.1
huīsè	grey	6.5
huíyì	to recollect	12.7
huì(yì)	meeting	10.1
hújiāo	pepper	5.4
húli	fox	1.9
húluóbo	carrot	5.6
húntun	wonton	5.7
huǒ	fire	1.4
huǒchái	matches	5.12
huǒchē	train	9.5
huǒchēzhàn	station	9.8
huǒlú	heater	8.6

huópo	lively; vivacious	2.11
huǒtuǐ	ham	5.4
huǒzāi	a fire	1.4
huòzhě	or	19.3
huózhe	(to be) alive	1.7; 2.3
hūrán	suddenly	17.4
hùshi	nurse	2.7; 2.14
húzi	beard; moustache	2.2

J

jī	chicken	1.9; 5.4
jǐ	several	18.1
jì	season	1.6; 17.6
jì	to send; to mail	13.6
jí	step of	18.8
jiā	home; family	8.1
jiā	to add; plus	18.1
jià	planes U.M.; machines U.M.	18.8
jiādà	to lengthen; to extend	18.1
jiǎde	false	15.8
jiāju	furniture	8.3
jiājudiàn	furniture store	7.1
jiālún	gallon	18.3
jiān	to pan fry	5.10
jiān	rooms U.M.	8.2; 18.8
jiǎn	to cut	6.1; 8.9
jiǎn	to subtract; minus	18.1
jiàn	clothes U.M.	6.1
jiàn	to build	8.1
jiàn	garments U.M.; events U.M.	18.8
Jiā'nádà	Canada	9.2
jiānbǎng	shoulder	2.2

jiǎndān	simple	15.6
jiǎndāo	scissors	6.1
jiāng	ginger	5.4
jiǎng	to say	13.2
jiǎng gùshì	story telling	13.2
jiǎnghuà	to give a talk	11.4
jiǎnghuà	to make a speech	13.2
jiǎngjià	to bargain	7.2
jiānglái	in the future	17.1
jiānglái yǒuyìtiān	one of these days	17.1
jiǎngshī	lecturer	2.14; 12.3
jiǎngxuéjīn	scholarship	12.1
jiàngyóu	soy sauce	5.4
(dà) jiǎnjià	(big) sale	7.2
jiànjiànde	gradually	17.4
jiànjiànde	little by little	18.6
jiànkāng	health	2.6
jiànmiàn	to meet (each other)	14.2
jiǎnshǎo	to decrease	18.1
jiǎntǐzì	simplified characters	3.3
jiānyù	jail	10.5
jiànzhù	building (general term); structure	8.1
jiànzhùgōng(rén)	builder; building worker	2.14
jiànzhùshī	architect	2.14
jiǎo	foot	2.2
jiǎo	ten cent unit	7.3
jiāo	to teach	12.7
jiào	bark; cry; call	1.8
jiào	to address (someone)	2.14
jiào	command	13.2
jiào	to be called	19.1

jiāo'ào	arrogant	2.11
jiào cài	to order food	5.3
jiāogěi	to hand over	15.4
jiàohuì	church	11.6
jiāo péngyou	to make friends	14.1
jiāoqū	suburb	9.2
jiàoshī	teacher	2.14; 12.3
jiàoshì	classroom	12.6
jiàoshòu	professor	2.14; 12.3
jiāoshuǐ	to water (the plants)	8.4
jiàotáng	church	9.8; 11.6
jiāotōng	traffic	9.6
jiāotōngdēng	traffic lights	9.3
jiàotú	believer	11.6
jiàoyuán	teacher	2.14
jiàoyù	to educate; education	12.1
Jiàoyùbù	Ministry of Education	10.3
jiàoyù zhìdù	education system	12.1
jiǎozhǐ	toe	2.2
jiǎozi	dumpling (stuffed with meat or vegetable)	5.7
jiàozuò	to be called	19.1
jiàqián	price	7.3
jiā(shǔ)	family (members)	2.12
jiātíngfùnǚ	housewife	2.14
jiātíngzhǔfù	housewife	2.14
jiātíng zuòyè	homework	12.6
jiāyóuzhàn	petrol station	9.5
jiàzi	shelves	8.3
jīběnde	basic; fundamental	15.3
jìchéngchē	taxi	9.5
jǐdiǎn zhōng ?	What is the time ?	17.11

jīdújiào	Christianity	11.6
jìdù	to be jealous	2.8
jiē	street	9.3
jiè	to borrow; to lend	7.2
jié	festival	11.6
jiēdào	received	15.4
jiē diànhuà	to answer the phone	13.7
jiěfàng	liberation	3.5
Jiěfàngjūn	People's Liberation Army (also its members)	3.1
jiéguǒ	result	12.8
jiéhūn	to be married	2.3
jiějie	sister (older)	2.12
jiěmèi	sisters (general - younger and older)	2.12
jiémù	programme	11.4
jiè(qián)gěi...	to lend (money) to	10.10
jiérì	festival	11.6
jièshào	to introduce	4.4
jiēzài yìqǐ	to fasten	8.9
jièzhǐ	ring	6.3
jìfù	step-father	2.12
jígé	to pass an examination	12.8
jǐ(ge)	How many? (less than ten)	18.4
jǐ(ge)	few; several	18.5
jìgōng	mechanic; machinist	2.14
jíhé	assembly	12.6
jǐhé	geometry	12.5
jìhuà	plan	10.6
jīhuì	opportunity	15.1
jīhū méiyǒu	hardly any	18.5
jìjié	season	1.6

jǐkē	how many subjects ?	12.5
jǐménkè	how many subjects ?	12.5
jìmò	lonely	2.8
jìmǔ	step-mother	2.12
jǐn	tight	6.1; 18.1
jìn	to enter	8.4
jìn	near; close by	18.2
jǐ'nǎi	to milk	10.8
Jīnbābùwéi	Zimbabwe	9.2
jìnbù	progress	10.2
jìnbù(de)	progressive	10.2
jīng	shrewd; sharp	2.11
jǐngchá	police(wo)man	2.14
jǐngchá	police	10.5
jǐngchájú	police station	9.8; 10.5
jǐngchē	police car	10.5
jīngjì	economy	10.6
(xiàng...)jìngjiǔ	toast	4.2
jīngjìxué	economics	12.5
jīngjù	Beijing opera	3.1
jǐngliàn	necklace	6.3
jīnglǐ	manager	2.14; 10.10
jīngshén hǎo	in good spirits	2.6
jīngtànhào	exclamation mark	11.2
jīngyàn	experience	10.7
jìngzhēng	competition	10.6
jǐngzi	neck	2.2
jìngzi	mirror	8.5
jìngzǒu	foot race	14.5
jīn(huáng)sè	golden	6.5
jìniànpǐn	souvenir	4.3
jìniànpǐndiàn	souvenir shop	7.1

jǐnjí	urgent; important	15.3
jìnkǒu	import	10.10
jìnlai	to come in	16.1
jìnlái	recently	17.1
jīnnián	this year	17.5
jìnqu	to go in	16.1
jīntiān	today	17.8
jīntiān zǎoshang	this morning	17.10
jīn(tóu)fà	blond hair	2.2
jīnyú	goldfish	1.9
jǐnzhāng	nervous; excited	2.8
jǐnzhāng	nervous; tense	15.3
jìnzhǐ	to prohibit	10.2
jīqì	machine	10.9
jīròu	muscle	2.2
jìshù	skill; technique	10.9
jìshù(rén)yuán	technician	2.14
jítā	guitar	11.8
jiǔ	wine; alcoholic beverages	5.8
jiù	old (objects); used	17.1
jiù	then; immediately	19.3
jiǔ	nine (9)	18.1
jiǔdiàn	hotel; inn	9.7
jiǔdiàn	hotel; pub	9.8
jiǔguǎnr	pub	5.3
jiùhùchē	ambulance	1.4
jiùhuǒchē	fire engine	1.4
jiǔjiā	restaurant	5.3
jiǔshí	ninety (90)	18.1
jiùshì	even if	19.3
jiǔyǎng	pleased to meet you! (for the first time)	4.4

jiǔyuè	September	17.7
jìxià	to note down	13.4
jīxièshī	mechanic; machinist	2.14
jìxù	continue	17.1
jíyóu	to collect stamps	14.3
jìzhě	journalist; reporter	2.14
jìzhě zhāodàihuì	press conference	11.3
jì(zhù)	to memorize	12.7
jù	sentences U.M.	18.8
juǎn	roll of	18.8
jùchǎng	theatre	9.8
juéde	to feel	2.6; 2.8
jùhào	full stop	11.2
júhóngsè	orange (colour)	6.5
júhuā	chrysanthemum	1.7
júhuángsè	orange (colour)	6.5
jūnrén	soldier	2.14
jūnshì	military (affairs)	10.11
júzi	mandarin	5.5
júzi	orange	5.5
jùzi	sentence	11.2
júzishuǐ	orange drink; orangeade	5.8
júzizhī	orange juice	5.8

K

kǎchē	truck	9.5
kāfēi	coffee	5.8
kāfēi diàn / guǎn	coffee shop	5.3
kāi	to open (door or window)	8.4
kāi	to switch on (light, power)	8.4; 11.4
kāi	to drive (navigate)	9.6
kāi (dān)	to write out the bill	5.3

kāiguān	a switch	8.5
kāihuì	to hold a meeting	10.1
kāishǐ	start	17.1
kāishǐ	to begin; to start	17.2
kāishǐ de shíhou	in the beginning; at first	17.2
kāishuǐ	boiled water	5.8
kāishuǐhú	kettle	5.11
kāi wǔhuì	to have a party	14.2
kāixué	to begin term	12.1
kàn	to look; to watch; to read	2.10
kàn	to read (silently)	13.4
kàn	to visit (friends)	14.2
kàn bào	to read newspapers	14.3
kànbìng	to consult a doctor	2.6
kànbudǒng	to read but not understand	2.10
kànbujiàn	unable to see (vision blocked)	2.10
kàndejiàn	able to see; visible	2.10
kàn diànshì	to watch television	14.3
kàn diànyǐng	to go to the movies	14.3
kàn gējù	to go to the opera	14.3
kàn huàjù	to go to plays	14.3
kànjiànle	saw; to have seen	2.10
Kānpéilā	Canberra	3.6
kàn xiǎoshuō	to read novels	14.3
kàn yīshēng	to consult a doctor	2.6
kàn zázhì	to read magazines	14.3
kǎo	to roast; to bake	5.10
kǎode búcuò	to do well (in an exam)	12.8
kǎohuǒ	to warm oneself	8.6
kǎo miànbāo	toast	5.4
kǎoshì	to examine; examination	12.8
kǎoyā	roast duck	5.7

kē	trees U.M.	1.7; 18.8
kē	small and round objects U.M.	18.8
kě	thirsty	5.1; 5.8
kè	lesson	12.6
kěài	cute; loveable	2.9; 2.11; 15.7
kèběn	text book	12.6
kěkào	reliable	2.11
kěkǒukělè	coca cola	5.8
kělián	to pity; pitiable	2.8
kē(mù)	subject	12.5
kěpà	fearful; terrible	2.8
kèrén	guest	14.2
kěshì	but; however	15.8; 19.3
kèshì	classroom	12.6
késou	cough	2.6
kètīng	living room; lounge room	8.2
kèwài huódòng	extra-curricular activities	12.6
kèwài zuòyè	homework	12.6
kěxī	regrettable	2.8
kēxué	science	11.5
kēxué(de)	scientific	11.5
kēxuéjiā	scientist	2.14; 11.5
kěyǐ ma?	Is it all right? Is it fine?	4.2
kǒngbù diànyǐng	horror movie	11.9
kòngfáng	spare room	8.2
kōngqì	air	1.1
kōngtiáo	air conditioning	8.6
kǒu	mouth	2.2
kǒudài	pocket	6.1
kòuhuán	buckle	6.1
kòu(shang)	to button	6.1
kǒuxiāngtáng	chewing gum	5.4

kòuzi	button	6.1
kū	to cry (with tears)	2.8
kǔ	bitter	5.9
kuādà	to boast; to exaggerate	2.9
kuài	fast; rapid	17.1; 17.4
kuài	piece of; lump of	18.8
kuài (informal)	dollar	7.3
kuàichē	express (transport)	9.5
kuàijiān	to sauté	5.10
kuàijì	accounting	12.5
kuàijìshī	chartered accountant	2.14
kuàijì(yuán)	accountant	2.14
kuàilè	happy	2.8
kuàiwánle	finishing soon	17.2
kuàixìn	express mail	13.6
kuài(yào) kāishǐ	to start soon	17.2
kuài (yì)diǎr	a little faster	17.4
kuàizi	chopsticks	5.11
kuājiǎng	to praise; to flatter	2.9
kuān	broad (dimension)	18.1
kuànggōng	miner	2.14
kuàngquánshuǐ	mineral water	5.8
kuàngyè	mining	10.9
kuīsǔn	loss	10.6
kǔn	bunch of	18.8
kùn	sleepy	2.4
kùnnan	difficulties	15.6
Kūnshìlán	Queensland	3.6
Kūnshìlán (Bùlìsībān)	Queensland (Brisbane)	9.2
kuòhào	brackets	11.2
kuòyīnqì	amplifier	11.4
(cháng)kùzi	trousers	6.2

L

láojià	may I ask; excuse me (followed by a question)	4.2
lǎonián	old age	2.3
lǎorén	old people	2.1
lǎoshí	straightforward; honest	2.11
lǎoshī	teacher	2.14; 12.3
lǎo(shì)	always	17.3
lǎoshǔ	rat; mouse	1.9
lǎoxiōng (lit. old brother)	old chap; old pal	2.15
làyuè	twelfth month (lunar)	17.7
le	final particle	19.5
léi	thunder	1.5
lèi	tired	2.4
lèi	kind of	18.8
lěng	cold	1.5
lěngpán	cold dish	5.1
lěngqì	air conditioning	8.6
lěngshuǐ	cold water	2.5
lěngyǐn	cold drink	5.8
lí	(separated) from	19.4
lì	sharp	8.8
lì	small and round objects U.M.	18.8
liǎn	face	2.2
liánbāng	Commonwealth	3.6
liàng	bright; light	1.1
liàng	cars U.M.; vehicles U.M.	18.8
liáng(kuai)	cool	1.5
liángshí	food (provisions)	5.1
liǎng tiān	two days	17.8
liángxié	sandals	6.3
liàng yīfu	to hang out the clothes	8.7

Liánhéguó	United Nations	10.11
liánxì	to contact	13.6
liànxí	to practise	11.8; 14.4
liànxí	to practise; a practice	12.7
liányīqún	dress	6.2
liàozi	material	6.4
lǐbài	week	17.8; 17.9
lǐbàiyī	Monday	17.9
lǐbian	inside	16.3
lièshì jìniàntáng	war memorial	9.8
lǐfàdiàn	hairdresser's shop; barber's shop	7.1
lǐfàshī	barber	2.14
lǐfàshī	hairdresser	2.14
líhūn	be divorced	2.3
líkāi	to leave (a place)	8.4
líkāi	to leave	9.7; 16.1
lǐkē	science (subjects)	12.5
lìkè	at once; immediately	17.1
lìliàng	strength; power	15.3
lǐmào	polite; politeness	4.3
(mén)líng	doorbell	8.5
líng	zero	18.1; 18.5
lǐngbān	foreman	2.14
lǐngdài	a tie	6.3
lǐnggǎngyuán	pilot (harbour)	2.14
língqián	change; small change; loose change	7.3
lǐngshìguǎn	consulate	10.11
lǐngzi	collar	6.1
línjū	neighbours	8.4
línyù	to shower	2.5

línyù	shower	8.5
lǐpǐn	gift; present	4.3
lìshǐ	history	12.5
lìtǐshēng	stereo	11.4
lǐtou	inside	16.3
liù	six (6)	18.1
liú(dòng)	to flow	1.3
liùniánjí	sixth year	12.4
liúxiào	detention	12.6
liúxíng	popular (current)	15.7
liúxíngxìng gǎnmào	influenza	2.6
liúxíng yīnyuè	pop music	11.8
liúxué	to study abroad	12.1
liúxuéshēng	student studying abroad	12.1
liùyuè	June	17.7
lǐwù	gift; present	4.3
lǐxiǎng	ideal	10.2
lǐyóu	reason for	15.5
lìzhī	lichee	5.5
lǐzi	plum	5.5
lí(zi)	pear	5.5
lóufáng	building (multi-storey or of large size)	8.1
lóushàng	upstairs	8.5
lóutī	stairs	8.5
lóuxià	downstairs	8.5
lù	deer; stag	1.9
lù	road	9.3
lǜchá	green (Chinese) tea	5.8
lǚguǎn	hotel; inn	5.3; 9.7
lǚkè	traveller	9.7
(shízì)lùkǒu	intersection	9.3

luóbo	turnip	5.6
lǜsè	green	6.5
lǜshī	lawyer	2.14; 10.4
lúsǔn	asparagus	5.6
lùtái	balcony	8.5
lùxiàngdài	video tape	11.4
lùxiàngjī	video recorder	11.4
lǚxíng	to travel	9.7
lǚxíngshè	China Travel Service (C.I.T.S.)	3.2
lǚxíng zhīpiào	travellers cheques	7.3
lùyīn	to tape	11.4
lùyīndài	tape	11.4
lùyǐngjī	video recorder	11.4
lùyīnjī	tape recorder	11.4
lǘ(zi)	donkey	1.9
lú(zi)	stove	5.11

M

mǎ	horse	1.9
ma	final particle	19.5
ma (rising intonation vs. falling intonation as final particle)	question particle (for simple question)	19.5
mábù	linen	6.4
mābù	dishcloth	8.7
máfan	trouble; bothersome	2.9
máfan nǐ...	may I trouble you to...	4.2
máfan nǐ le	I have troubled you	4.2
mǎi	to buy	7.2
mài	to sell	7.2
mǎidōngxi	to shop	7.2
màiwánle	sold out	7.2

mái(zàng)	to bury	2.3
Mǎláixīyà	Malaysia	9.2
mǎlíngshǔ	potato	5.6
mǎlíngshǔpiàn	potato crisps	5.4
mǎlíngshǔtiáo	potato chips	5.4
mǎlù	road	9.3
māma	mum	2.12
mǎmǎhūhū	so-so	4.2
mǎn	full	18.7
màn	slow	17.1; 17.4
máng	busy	10.7
mángguǒ	mango	5.5
mànmànde	slowly	17.4
mànpǎo	jogging	14.5
mántou	steamed bread; steamed bun	5.7
màn zhǔ	to simmer	5.10
máo	hair (body)	2.2
māo	cat	1.9
máobǐ	brush	13.5
máobìng	fault	8.9
màohào	colon	11.2
máojīn	towel	2.5; 8.7
máoliào	woollen cloth	6.4
máomáoyǔ	drizzle	1.5
máopí	fur	1.8
máotáijiǔ	maotai (a strong Chinese spirit)	5.8
máo (used in conversation)	ten cent unit	7.3
máoxiàn	(knitting) wool	6.4
máoyī	jumper; sweater; pullover	6.2

màoyì	trade	10.10
Máo Zédōng Jìniàntáng	Mao Zedong's Mausoleum	3.2
mǎqiú	polo	14.5
mǎshàng	at once; immediately	17.1
mǎtou	wharf	9.5
mǎyǐ	ant	1.9
me	final particle	19.5
méibànfǎ	at a loss; can't help	2.9
měicì	every time	17.1
měifàdiàn	hairdresser's shop; barber's shop	7.1
méifázi	at a loss; can't help	2.9
měi(ge) xīngqī	every week	17.8
měi(ge) yuè	every month	17.6
méiguānxi	never mind; that's all right	4.2
méiguānxi	unimportant; doesn't matter	2.9
méigui	rose	1.7
Měiguó	U.S.A.	9.2
méihuā	plum blossom	1.7
Měijīn	dollars (U.S.A.)	7.3
méikànjiàn	did not see; have not seen	2.10
měilì	beautiful	15.7
méimáo	eye-brow	2.2
mèimei	sister (younger)	2.12
měinián	each year	17.5
méiqì	gas	8.6
méiqìlú	stove - gas	5.11
měiróngshī	hairdresser	2.14
méishénme	that's all right; it's nothing	2.9
měishù	fine arts	11.7
měishù	art	12.5

měishùguǎn	art gallery	9.8; 11.7
měitiān	everyday	17.8
měitiān zǎoshang	every morning	17.10
méitīngjiàn	did not hear; have not heard	2.10
méiwèntí	no problem	4.2
méixiǎngdào	unexpected	2.8
méi yìsi	boring; uninteresting	2.9
méiyǒu	there is not; there are not	13.3
méi(yǒu) lǐmào	to be impolite	4.3
Měiyuán	dollars (U.S.A.)	7.3
Měizhōu	America (continent)	9.2
mén	door	8.5
mén (used with kè)	subjects U.M.	12.5; 18.8
mèn	bored	2.8
ménkǒur	entrance; doorway	8.5
mēnrè	sultry	1.5
mǐ	rice (uncooked)	5.7; 10.8
mǐ	metre	18.2
miàn	flags U.M.	18.8
mián'ǎo	cotton-padded jacket	6.2
miànbāo	bread	5.4
miànbāodiàn	bakery	7.1
miànbāoshī	baker	2.14
miánbù	cotton cloth	6.4
miàntiáo	noodles	5.7
miányī	cotton-padded jacket	6.2
miǎo	seconds	17.11
miào	temple	3.2; 9.8; 11.6
miè huǒ	to put out a fire	8.6
mǐfàn	rice	10.8
mǐfěn	rice noodles	5.7
mìfēng	bee	1.9

mǐjiǔ	wine (Chinese - rice based)	5.8
míngbai	to be clear about	2.10
Míngcháo	Ming Dynasty	3.5
mín'gē	folk songs	11.8
Mínglíng	Ming Tombs	3.2
míngnián	next year	17.5
míngtiān	tomorrow	17.8
míngtiān jiàn	see you tomorrow	4.5
míngxiā	(king) prawns	5.4
míngxiǎn	conspicuous	15.3
míngxīng	movie star	11.9
míngxìnpiàn	post card	13.6
míngzi	given name; first name	2.12
mínzhǔ	democracy	10.3
mǐsè	beige	6.5
mìshū	secretary (office)	2.14
mò	ink-stick	13.5
Mòěrběn	Melbourne	3.6
mógū	mushroom	5.6
mòjìng	sunglasses	6.3
mòshuǐ	ink	13.5
mótiānlóu	skyscraper	8.1
mótuō chē	motorbike	9.5
mǒu	a certain (person etc.)	2.13
Mòxīgē	Mexico	9.2
mǔ-	female- (of animals)	1.8
mùdì	intention; purpose	2.8
mùdì	aim; objective	15.5
mùguā	papaya; paw paw	5.5
mùméi	raspberry	5.5
mǔqin	mother	2.12
mù(tou)	wood	8.8

N

nǎ	which (one)	19.2
nà	that	16.2
na	final particle	19.5
ná	to take hold of	15.4
nàbiān	that side	16.3
ná chūlai	to take out	16.1
nǎge	which (one)	16.2; 19.2
nàge	that (one)	16.2
nǎilào	cheese	5.4
nǎisè	cream (colour)	6.5
(yǒu)nàixīn	to be patient	2.11
nǎiyóu	cream	5.4
nǎizhào	bra	6.2
ná kāi	to remove; to take off	16.1
nǎli	where; which place	16.3; 19.2
nàli	there; that place	16.3
nǎli(nǎli)	not at all; you flatter me!	4.2
nàme	in that way	16.2
nàme	well; then	19.3
nán	hard; difficult	15.6
Nán'ào	South Australia	3.6
Nán'ào (Ādéléidé)	S.A. (Adelaide)	9.2
Nánbīngyáng	Antarctic Ocean	9.4
nánchī	unpalatable	5.9
nánde	man	2.1
nán(fāng)	south	16.4
Nánfāngcài	Southern food	5.7
Nánfēi	South Africa	9.2
nánguā	pumpkin	5.6
nánguo	sad (hard to bear)	2.8
Nán Hǎi	South China Sea	3.4

nánháizi	boy	2.1
nánkàn	ugly	6.1; 15.7
nánpéngyou	boy friend	14.1
nánrén	man	2.1
Nán(zhōngguó)hǎi	South China Sea	9.4
nǎozi	brain	2.2
nǎqǐ ... lai	to pick up (object)	16.1
nǎr	where; which place	16.3
nàr	there; that place	16.3
náshǒu cài	specialty	5.1
nàxiē	those	16.2
nǎxiē	which (ones)	16.2
nàyàng	in that way	16.2
ná zǒu	to take away	15.4; 16.1
nèi	that	16.2
něige	which (one)	16.2
nèige	that (one)	16.2
něi jǐménkè	which subjects ?	12.5
něikē	which subject ?	12.5
nèikē	internal medicine	2.7
nèikù	underpants	6.2
něiménkè	which subject ?	12.5
něitiān	which day ?	17.1
nèitiān	the other day; that day	17.1; 17.8
něixiē kē(mù)	which subjects ?	12.5
nèiyī	undershirt	6.2
nème	well; then	19.3
nèn	tender	5.9
néng	able (physically)	15.1
néngbèi	to know off by heart	12.7
nénggàn	capable	2.11
nǐ	you (singular)	2.13
nián	year	17.5

niàn	to read aloud	13.4
niánnián	each year	17.5
niánqīng	young	2.3
niánqīngrén	young person	2.1
niǎo	bird	1.9
nígū	nun (Buddhist)	11.6
nǐ hǎo	good day; how do you do ?	4.1
nǐ jiào shénme (míngzi) ?	What is your given (first) name ?	4.4
nílóng	nylon	6.4
nǐmen	you (plural)	2.13
nín	you (singular - polite form)	2.13
nǐ nǎr ?	Who is speaking ?	19.2
níngméng	lemon	5.5
níngméngqìshuǐ	lemonade	5.8
nín guìxìng (formal)	What is your surname ?	4.4
nǐ/nín hǎo	pleased to meet you! (for the first time)	4.4
nín hǎo (formal)	good day; hello; how do you do ?	4.1
nǐ/nín hǎo (ma)	How are you ?	4.1
nǐ/nín zǎo	good morning	4.1
níshuǐgōng	bricklayer	2.14
nǐ tài kèqi(le)	you are too kind (polite)	4.3
niú	cow	1.9
niǔkòu	button	6.1
niúnǎi	milk	5.8
niúròu	beef	5.4
niúyóu	butter	5.4
niúzǎikù	jeans	6.2
nǐ xìng shénme ?	What is your surname ?	4.4
nóng	strong (taste)	5.9

nóng	thick (consistency)	18.1
nóngchǎng	farm (agricultural)	10.8
nòng (colloquial)	to cook / prepare (a meal)	5.10
nòngduàn	to cut	8.9
nònggānjìng	to clean	8.7
nòng kāfēi	to make coffee	5.8
nòng kāi	to detach	16.1
nóngmín	peasant	2.14
nóngrén	farmer	2.14
nóngyè	agriculture	10.8
nuǎnhuo	warm	8.6
nuǎn(huo)	warm	1.5
nuǎnlú	heater	8.6
nuǎnqì	central heating	8.6
nuǎnqì	heater	8.6
nuǎnqì	radiator	8.6
nǚde	woman	2.1
nǚér	daughter	2.12
nǚháizi	girl	2.1
nǚlì	studious	2.11
nǚlì	hard working; industrious	10.7
nǚpéngyou	girl friend	14.1
nǚrén	woman	2.1
nǚshì	madam	2.15
nǚwáng	queen	10.3
nǚyǎnyuán	actress	11.9

O

Ōuzhōu	Europe	9.2

P

páchóng	worm	1.9

pái	row of	18.8
páiqiú	volleyball	14.5
pán	plate of	18.8
pàng	fat; plump	2.2; 18.1
pángbian	side; nearby	16.3
pàngle	to put on weight	2.2
pàngzi	fat person	2.1
pànjué	to decide; decision	10.4
pán(zi)	plate	5.11
pǎo	to run	1.8; 14.4
pǎobù	jogging	14.5
pào chá	to make tea	5.8
páshān	mountain climbing	14.3
pàxiū	shy	2.11
péi	to accompany	14.2
péitóng	guide	2.14
pēngrèn	cooking	14.3
péngyou	friend	14.1
pī	batch of	18.8
pǐ	horses U.M.	18.8
pí	skin; leather	1.8
pí	skin	2.2
piàn	thin slice of	18.8
piányi	cheap	7.3
piàoliang	beautiful	15.7
piàoliang	smart	6.1
pí(gé)	leather	6.4
pìgu	buttocks	2.2
píjiǔ	beer	5.8
pīn	to spell	13.1
píng	bottle of	18.8

píngcháng	usually	17.3
píngguǒ	apple	5.5
pīngpāngqiú	table tennis	14.5
pīnpán	assorted cold dishes; hors d'oeuvres	5.1
pīnyīn	romanization	13.1
píqi	temper	2.8
píxié	shoes - leather	6.3
pòchǎn	broke; bankrupt	10.6
(dǎ)pòle	broken; damaged	8.9
pòsuìle	broken into pieces	8.9
pòzhéhào	dash	11.2
pūchuáng	to make the bed	8.4
púsā	Buddhist statue	11.6
pútao	grape	5.5
pútaojiǔ	wine (grape)	5.8
pǔtōng	common	15.7
pǔtōng-	general (eg. mathematics)	12.5
pǔtōnghuà	Standard Chinese (Mandarin)	3.3
pǔtōnghuà	Standard Chinese	13.1

Q

qī	seven (7)	18.1
qí	to ride (astride)	9.5
qián	currency; money	7.3
qiǎn	shallow	18.2
(yī)qiān	thousand (1000)	18.1
qiánbāo	wallet; purse	6.3
qiánbian	front	16.3
qiānbǐ	pencil	13.5
qiānbǐbào(zi)	pencil sharpener	13.5
qiānbǐdāo	pencil sharpener	13.5

qiáng	wall	8.5
qiáng	strong	15.3
qiánmén	front entrance	8.5
qiánnián	the year before last	17.5
qiǎn(sè)	light	6.5
qiántiān	day before yesterday	17.8
qiántou	front	16.3
qiánzi	pliers	8.8
qiáo	bridge	9.3
qiǎokèlì	chocolate	5.4
qiāo(mén)	to knock (at the door)	8.4
qī chá	to make tea	5.8
qìchē	car; vehicle	9.5
qìchējiān	garage	8.1
qǐchuáng	to get up (from bed)	2.4
qídǎo	to pray	11.6
qiézi	egg plant	5.6
qìhòu	climate	1.5
qǐlai	to get up (from bed)	2.4
qǐlai	to get up; to stand up	16.1
qímǎ	to ride on horseback	14.5
qíncài	celery	5.6
qíng	clear	1.5
qǐng	please	4.3
qǐng	to request; to invite	13.2
(yāo)qǐng	to invite	14.1; 14.2
qīng	light (not heavy)	18.3
qǐng biàn	Please suit yourself	4.2
qīngcài	cabbage (Chinese)	5.6
qīngcài	vegetables	5.6
qīngcàidiàn	greengrocer's	7.1
Qīngcháo	Ching (Manchu) Dynasty	3.5

qǐng chīfàn	to hold a dinner party	14.2
qīngchu	to be clear	2.10
qǐng dài wǒ xiàng...wènhǎo	please give my regards to...	4.5
qīngjiāo	capsicum; green pepper	5.6
qǐng jìn	Please come in!	4.2
qǐngkè	to invite someone to dinner; to play the host	5.1
qīngshēng	neutral tone	3.3
qǐng tì wǒ wènhòu...	please give my regards to...	4.5
qǐngwèn	may I ask; excuse me (followed by a question)	4.2
qǐng zhùyì	attention please!	12.6
qǐng zuò	take a seat	4.2
qīnqī	relative	2.12
qióng	poor	10.2
qípáo	Chinese long dress (cheong sam)	6.2
qìshuǐ	soft drink (aerated)	5.8
qǐsù	to prosecute	10.4
qítāde	others; other	15.2
qǐtóu	in the beginning; at first	17.2
qiú	ball	14.4
qiūjì	autumn	17.6
qiūtiān	autumn	1.6; 17.6
qiúxié	running shoes; joggers; sand shoes	6.3
qìxiàngyuán	weatherman	1.5
qìyóuzhàn	petrol station	9.5
qīyuè	July	17.7
qīzi	wife	2.12
qù	to go	16.1

quánbù	the whole lot	18.1
quèdìngde	certain; unquestionable	15.8
quèshí	in fact	19.3
qūgùnqiú	hockey	14.5
qù lǚxíng	to go on a trip	14.3
qún	group of	18.8
qùnián	last year	17.5
qǔnuǎn	to warm oneself	8.6
qúnzhòng	the masses	3.1
qúnzi	skirt	6.2

R

ràng wǒ fù ba !	let me pay !	7.2
ràng wǒ zìjǐ jièshào	may I introduce myself	14.2
ránhòu	later on	19.3
ráoshù	to forgive	2.9
rè	hot	1.5
rénjia	other person(s)	2.13
rénkǒu	population	9.1
Rénmínbì	Chinese Currency (RMB)	3.2; 7.3
Rénmín Dàhuìtáng	the Great Hall of the People	3.2
Rénmín Rìbào	the People's Daily	3.1
Rénmín Yīngxióng Jìniànbēi	Monument to the People's Heroes	3.2
(néng)rěnnài	be patient	2.11
rénrén	everyone	2.13
rènshi	be acquainted with (a person)	2.10
rènwéi	consider; be of the opinion	2.10
rénxíngdào	footpath; pedestrian crossing	9.3
rénzào sī	rayon	6.4
rénzào xiānwéi	rayon	6.4
rèqíng	warm-hearted	2.11

rèshuǐ	hot water	2.5
rèshuǐpíng	thermos	5.11
rè yǐn	hot drink	5.8
rì	days	17.8
rìbào	daily paper	11.3
Rìběn	Japan	9.2
Rìběnhǎi	Sea of Japan	9.4
rìguāngdēng	fluorescent light	8.5
rìlì	calendar	17.5
róngyì	easy	15.6
ròu	flesh	2.2
ròu	meat	5.4
ròudiàn	butcher shop	7.1
ruǎn	soft	8.8
rǔbáisè	cream (colour)	6.5
rúguǒ	if	19.3
rùnnián	leap year	17.5
ruò	weak	15.3
rùxué kǎoshì	entrance examination	12.8
rǔzhào	bra	6.2

S

sàimǎ	horse race	14.5
sàipǎo	foot race	14.5
(yǔ)sǎn	umbrella	6.3
sān	three (3)	18.1
sànbù	to take a walk or a stroll	14.3
sānhào	third (day of the month)	17.9
sānmíngzhì	sandwich	5.4
sānniánjí	third year	12.4
sànrèqì	radiator	8.6
sānshíhào	thirtieth (day of the month)	17.9

sānshíyīhào	the thirty-first (day of the month)	17.9
sānshíyī tiān	thirty-one days	17.8
sānyuè	March	17.7
sǎodì	sweep	8.7
sàozhou	broom	8.7
shā	to kill	10.5
shāfā	sofa	8.3
shàigān	to dry in the sun	8.7
shài yīfu	to hang out the clothes	8.7
shālā	salad	5.4
shāmò	desert	1.2
(xiǎo)shān	hill	1.2
shǎndiàn	lightning	1.5
shàng	to ascend; to go up	8.4
shàng	to get on	9.6
shàng	(go) to	19.4
shàngbian	above; the upper part	16.3
shàng cèsuǒ	to go to the toilet	2.5
shàngchuáng	to go to bed	2.4
shàngcì	previous time	17.3
shāngdiàn	shops	7.1; 9.8
shàngdì	God	11.6
shàng(ge) xīngqī	last week	17.8
shàng(ge) yuè	last month	17.6
shàng guǎnzi	to go to a restaurant	5.3
shàng kè	to attend class	12.6
shànglai	to come up	16.1
shàngqu	to go up	16.1
shāngrén	business (wo)man	2.14
shàngtou	above; the upper part	16.3
shàngwǔ	A.M.; forenoon	17.10

shāngxué	commercial science	12.5
shàng xué	to attend school	12.1
shāngyè	commerce	10.10
shàngyī	coat; jacket	6.2
sháo	spoon of	18.8
shāo	burn; on fire	1.4
shǎo	little	18.5
shāobǐng	sesame seed cake	5.7
shāo shuǐ	to boil water	5.8
shǎoshù	the minority	18.1
shǎo yìdiǎr	a little less	18.4
sháo(zi)	spoon	5.11
shāsǐ	to kill	10.5
shātān	beach	1.3
shèhuì	society	10.1
shèhuì kēxué	social science	12.5
shèhuì zhìxù	social order	10.5
shèhuìzhǔyì	socialism	10.3
shéi	who; whom	2.13; 19.2
shéide	whose	19.2
shén	god (idol)	11.6
shēn	deep	18.2
shēng	to be born; to give birth	2.3
shěng	province	3.4; 9.2
shēngcài	salad	5.4
shēngcài	lettuce	5.6
shēngchǎn	to produce	10.8
shèngdànjié	Christmas	11.6
shèngdàn lǎorén	Father Christmas	11.6
shèngdàn shù	Christmas tree	11.6
shēng(diào)	tone	3.3
shènggōnghuì	Anglican	11.6

shěnghuì	provincial capital	3.4
shèngjīng	Bible	11.6
shèngjīng yánjiū	biblical studies	12.5
shēngqì	to be angry	2.8
shēngrì	birthday	2.3
shèngshī	hymn	11.6
shēngwù	biology	12.5
shēngyīn	sound; voice	13.2
shénjīng	nerve	2.2
shénme	what	19.2
shénme shíhou	when (what time?)	17.1; 19.2
shěnmǔ	aunt (father's younger brother's wife)	2.12
shěnpàn	trial	10.4
shēn(sè)	dark	6.5
shēntǐ	body	2.2
shēntǐ hǎo	healthy (for people)	2.6
shétou	tongue	2.2
shèyǐng	to photograph	14.3
shèyǐng(shī)	photographer; cameraman	2.14
shī	wet	1.5
shī	poem; poetry	11.2
shì	am; are; were; is; was	19.1
shí	ten (10)	18.1
shìbīng	soldier; P.L.A. soldier	2.14
(cài)shìchǎng	market	7.1
shìchuānfáng	fitting room	7.2
shídài	historical period	3.5
shìdài	lace (border)	6.4
shì(de)	yes	13.3
shíèryuè	December	17.7
shíèryuè	twelfth month (lunar)	17.7

shíhào	tenth (day of the month)	17.9
shìhé	to fit; to conform with	15.1
shíhou	time	17.1
shìjì	century	17.5
shíjiān	time	17.1
shìjiàn	event; incident	10.4
shíjiānbiǎo	timetable	9.7; 12.6
Shìjì Bào	the Age	11.3
shìjiè	world	9.1
shíjìshang	in reality	15.8
shíjiǔ	nineteen (19)	18.1
shímáo	fashionable	6.1
shípǔ	cook book	5.10
Shíqīkǒngqiáo	Seventeen Arch Bridge	3.2
Shísānlíng	Ming Tombs	3.2
shítáng	dining hall (in a school or university etc.)	5.3
shí(tou)	stone	1.2
shīwàng	disappointed	2.8
shìwēi (yóuxíng)	demonstration	10.9
shíwù	food (edibles)	5.1
shíyàn	an experiment	11.5
shíyànshì	laboratory	11.5
shīyè	unemployed	2.14
shíyīyuè	November	17.7
shíyuè	October	17.7
shízài	in fact	19.3
shīzi	lion	1.9
shìzhēn	(decoration) pin	6.3
shǒu	hand	2.2
shōu	to receive	7.2
shǒu	poem U.M.	11.2

shòu	thin; skinny	2.2; 18.1
shōudào	received	15.4
shǒudū	capital	3.4
shòu huānyíngde	popular (well-liked)	15.7
shòuhuòyuán	salesperson; shop assistant	2.14; 7.2
shǒujin	handkerchief	6.3
shōujù	(write out a) receipt	7.2
shòu kǔ	to suffer	1.4
shòule	to lose weight	2.2
shǒupà	handkerchief	6.3
shòupiàoyuán	conductor; ticket seller	2.14
shǒuqiǎoderén	handyman	2.14
shòushāng	injured	1.4
shòushāng	to be injured	2.6
shōushi	to tidy up; to put in order	8.7
shǒutào	gloves	6.3
shōutiáo	a receipt	7.2
shǒutíbāo	handbag	6.3
shǒuxiān	first of all	17.2
shǒuxiàng	prime minister	10.3
shōu yīfu	to bring in the washing	8.7
shōuyīnjī	radio	11.4
shǒuzhǐ	finger	2.2
shǒuzhuó	bracelet	6.3
shū	book	11.2
shǔ	to count	12.6
shū	to lose	14.4
shù	tree	1.7
shuāng	pair of (shoes, etc.)	6.3; 18.8
shuāngrén fáng(jiān)	double room (in a hotel)	8.2
shuāngshēngjiěmèi	twin sisters	2.12

shuāngshēngxiōngdì	twin brothers	2.12
shuāngshēngzǐ	twins	2.12
shuāyá	to brush teeth	2.5
shuāzi	scrubbing brush	8.7
shūcài	vegetables	5.6
shūdiàn	book store	7.1
shūdiàn	bookshop	9.8; 11.2
shūfáng	study	8.2
shūfǎ	calligraphy	3.3
shūfu	comfortable; at ease	2.9
shūguì	bookcase	8.3
shuǐ	water	1.3; 5.8
shuí	who; whom	2.13; 19.2
shuìbuzháo	unable to get to sleep	2.4
shuǐchízi	sink	8.5
shuíde	whose	19.2
shuìfáng	bedroom	8.2
shuǐguǒ	fruit	5.5
shuǐjiǎo	dumpling - boiled	5.7
shuìjiào	to go to sleep	2.4
shuǐlóngtóu	tap	8.5
shuǐní	cement	8.8
shuǐqiú	water polo	14.5
shuǐshǒu	sailor	2.14
shuìyī	pyjamas	6.2
shuǐzāi	flood	1.4
shuìzháo	asleep	2.4
shūjià	bookcase	8.3
shūjià(zi)	bookshelf	8.5
shūjì	secretary (of the Party)	2.14
shùlín	forest	1.7
shuō	to say	13.2

shuōcuò	to make a mistake (in speaking)	13.2
shuōhuà	to speak	13.2
shuōmíng	to explain; explanation	13.2
shūshu	uncle (father's younger brother)	2.12
shūshu	uncle (general polite address to friend's father or to adult man by child)	2.12
shūtóu	to comb one's hair	2.5
shùxióng	koala	1.9
shùxué	mathematics	12.5
shūzhuō	desk	8.3; 10.7
sǐ	to die	2.3
sī	silk	6.4
sì	four (4)	18.1
sī	to tear	8.9
Sìchuāncài	Sichuan food	5.7
sìfēn zhī yī	a quarter	18.1
sìhào	fourth (day of the month)	17.9
sìhuà	the four modernizations	3.1
sījī	driver (of taxis, buses etc.)	2.14; 9.6
sìjì	the four seasons	1.6; 17.6
sǐle	dead	1.7; 2.3
sìmiào	temple	3.2
sìniánjí	fourth year	12.4
sīpòle	torn	8.9
Sìrénbāng	Gang of Four	3.5
sìyuè	April	17.7
sōng	loose	6.1
sòng	to deliver	7.2
sòng	to see someone off	9.7

Sòngcháo	Sung Dynasty	3.5
sòng huíqu	to send back (object)	16.1
sòng (lǐ) gěi ...	to give (a present)	15.4
sōngshù	pinetree	1.7
suān	sour	5.9
suàn	garlic	5.4
suān (niú)nǎi	yoghurt	5.4
suàn zhàng	to call for the bill	5.3
sùcài	vegetable dish	5.6
sūdǎshuǐ	soda water	5.8
Sūgélán	Scotland	9.2
suì	years of age	17.5; 18.8
suíbiàn	as one pleases	2.9
suí (nǐde) biàn	as you wish	4.2
suīrán	although	15.8
suīrán ... dànshì	although ... yet	19.3
Sūlián	Russia; Soviet Union	9.2
sùliào	plastic	6.4; 8.8
sūnnǚér	granddaughter	2.12
sūnzi	grandson	2.12
suǒ	a lock	8.5
suǒ	house / building U.M.	8.1; 18.8
suǒmén	to lock the door	8.4
suǒyǐ	therefore; so that	15.5; 19.3
suǒyǒude	all kinds (of)	15.2
suǒyǒude	all	18.7
sùshè	boarding house	12.2

T

tā	he; him; she; her	2.13
tā	it	2.13
tǎ	pagoda	3.2

tài	too; excessively	18.7
táidēng	desk lamp; reading lamp	8.5
tàiduō	too much	18.7
táifēng	typhoon	1.4
tàijíquán	traditional Chinese shadow boxing	3.1
tàikōng diànyǐng	space movie (science fiction)	11.9
Tàipíngyáng	Pacific Ocean	9.4
táiqiú	billiards	14.5
tàitai	wife	2.12
tàitai	Mrs	2.15
tàiyáng	sun	1.1
Tàiyáng Bào	the Sun	11.3
tàiyángjìng	sunglasses	6.3
tā liú wǒde táng	He gave me a det	12.6
tāmen	they; them	2.13
tán	to play (piano and guitar)	11.8
táng	sugar; sweets; candy	5.4
tǎng	to lie down	2.4
tāng	soup	5.4
tàng	hot (boiling)	5.9
Tángcháo	Tang Dynasty	3.5
tángcù	sweet and sour	5.7
tángguǒ	sugar; sweets; candy	5.4
Tángrénjiē	Chinatown	3.1
tàng yīfu	to iron clothes	8.7
Tǎnsāngníyà	Tanzania	9.2
tántiān	to chat	14.1
tán (tiān)	chat	13.2
tǎnzi	blanket	8.3
tào	set of	18.8
tào	suit of clothing U.M.	18.8

tàofáng	suite (of rooms)	8.2
táopǎo	to escape	10.5
táoqì	mischievous; naughty	2.11
tǎoyàn	annoying; irritating	2.8
táozi	peach	5.5
Tǎsīmǎníyà	Tasmania	3.6
Tǎsīmǎníyà (Huòbātè)	Tasmania (Hobart)	9.2
tèbié	especial; especially	2.11
tèbié	special(ly)	15.3
téng	pain	2.6
tī	to play (kick)	14.5
(dài)tì	substitute; in place of	15.1
tián	sweet	5.9
tiān	days	17.8
Tiānānmén (guǎngchǎng)	Gate of Heavenly Peace; Tiananmen (Square)	3.2
tiān'éróng	velvet	6.4
tiān hēile	(it's become) dark	1.1
tiānhuābǎn	ceiling	8.5
tiān(kōng)	sky	1.1
tiānliàng(le)	day break	1.1
tiānqiáo	overpass	9.3
tiānqì	weather	1.5
tiānqì yùbào	weather report	1.5
tiānrán	natural; nature	1.4
tiánsuān	sweet and sour	5.7
Tiāntán	Temple of Heaven	3.2
tiāntáng	heaven	11.6
tiāntiān	everyday	17.8
tiānzhǔ	God	11.6
tiānzhǔjiào	Roman Catholic religion	11.6

tiáo	trousers U.M.	6.2
tiáo	carton of	18.8
tiáo	roads U.M.; fish U.M.; long objects U.M.	18.8
tiàogāo	high jump	14.5
tiàolán	hurdles	14.5
tiáopí	mischievous; naughty	2.11
tiàoshuǐ	to dive	14.5
tiàowǔ	to dance	14.2; 14.3
tiáoyīnzhuāngzhì	tuner	11.4
tiàoyuǎn	long jump	14.5
tǐcāo	gymnastics; callisthenics	12.5
tiě	iron	8.8
tiē	to glue	8.9
tiē	to affix	13.6
tǐgé	physique	2.2
tímù	topic	12.8
tíng	to stop	9.5; 9.6
tīng	to hear; to listen; to obey	2.10
tīngbudǒng	to hear but not understand	2.10
tīngbujiàn	unable to hear	2.10
tīngbuqīngchu	unable to hear clearly	2.10
tīng chàngpiàn / lùyīndài	to listen to records or tapes	14.3
tíngchēchǎng	car park	9.8
tīngdào	to have heard	13.2
tīngdedào	to be heard; audible	13.2
tīngdejiàn	able to hear	2.10
tīnghuà	well-behaved; obedient	2.11
tīngjiàn	to have heard	13.2
tīngjiànle	to have heard; did hear	2.10
tīng shōuyīnjī	to listen to the radio	14.3

tīngxiě	dictation	12.6
tíngzài	to park at	9.5
tíngzhǐ	stop	17.1; 17.2
tíngzi	pavilion	3.2
tíqín	violin	11.8
tǐwēn	(body) temperature	2.6
tǐyù	physical education	12.5
tǒng	bucket	8.7
tòng	pain	2.6
tóngshì	colleague	14.1
tóngxué	classmate	14.1
tóngyì	to agree	10.3
tóngzhì	comrade	2.14; 3.1
tōngzhī	to inform	13.6
tóngzǐjūn	scouts	14.3
tóu	heads of animals	1.8
tóu	head	2.2
tóu	large animals (cows, pigs) U.M.	18.8
tōu	to steal	10.5
tóufa	hair (head)	2.2
tóuténg	headache	2.6
tóuyícì	(for) the first time	17.2; 17.3
(ní)tǔ	soil	1.2
tú'ànshèjì	graphics	12.5
tuánzhǎng (lit. group leader)	tour leader	9.7
túbùlǚxíng	hiking	14.3
tǔdì	land	10.8
tǔdòu	potato	5.6
tuī	push	8.9
tuǐ	leg	2.2

tuìqián	refund	7.2
tuīxiāoyuán	salesman (door to door)	2.14
tuìxiū	retired	2.14
tuō	to take off	6.1
tuōxié	slippers	6.3
túshūguǎn	library	9.8; 11.2
túshūguǎn (guǎnlǐ) yuán	librarian	2.14
tùzi	rabbit	1.9

W

wàibian	outside	16.3
wàiguó(de)	foreign	9.1
wàiguóhuà	foreign language (spoken)	13.1
wàiguórén	foreigner	9.1
wàihuìquàn	Foreign Exchange Certificates	3.2
wàijiāo	diplomacy	10.11
Wàijiāobù	Ministry of Foreign Affairs	10.3
wàijiāoguān	diplomat	2.14
wàikē	surgery	2.7
wàikēyīshēng	surgeon	2.14
wàimài	take away food	5.3
wàitou	outside	16.3
wàiwén	foreign language	13.1
wàiyǔ	foreign language	13.1
wàizǔfù	grandfather (maternal)	2.12
wàizǔmǔ	grandmother (maternal)	2.12
(hǎi)wān	bay	1.2
(yī)wàn	ten thousand (10,000)	18.1
wān	to bend; bent	8.9

wǎn	to be late	17.1
wǎn	bowl (of)	5.11; 18.8
wǎn'ān	good evening; good night	4.1
wǎnbào	evening paper	11.3
wāndòu	green peas	5.6
wǎnfàn	dinner	5.2
wán fānchuán	sailing	14.5
wàng	facing; toward	16.4
wàng(jì)	to forget	12.7
wǎngqiú	tennis	14.5
wàng yòu zhuǎn	to turn right	16.1
wǎng...zhuǎn	to turn to the...	16.1
wàng zuǒ zhuǎn	to turn left	16.1
wánjùdiàn	toy shop	7.1
wánquán	completely	18.7
wánquán bù	entirely not	18.5
wánquán(de)	entirely	15.2
wánr	to play a musical instrument	11.8
wánr	to play; to amuse oneself	14.3
wánr diànzǐyóuxì	to play electronic games	14.3
wǎnshang	evening; at night	17.10
wán yuèqì	to play an instrument	14.3
wáwa	baby	2.1
wà(zi)	socks	6.2
wèi	stomach	2.2
wèi	hello	13.7
wèi	persons U.M. (polite form)	18.8
wèi	for (the sake of)	19.4
wēibōlú	microwave oven	5.11
wèidao	taste	5.9

Wéiduōlìyà (Mòěrběn)	Victoria (Melbourne)	9.2
wéijīn	scarf	6.3
wéilán	fence	8.5
wèile	on account of	15.5
wèile	for (the sake of)	19.4
wéiqiáng	fence	8.5
wèishēng	hygiene; hygienic	2.5
wèishēngyī	sweat shirt	6.2
wèishēngzhǐ	toilet paper	2.5; 8.5
wèishénme	why (?)	15.5; 19.2
wēishìjì(jiǔ)	whisky	5.8
wēixiǎn	danger(ous)	1.4; 9.6
wén	to smell	5.9
wèn	to ask	13.2
wēndù	temperature	1.5
wēndùbiǎo	thermometer	1.5
wénfǎ	grammar	13.1
wènhào	question mark	11.2
wénhuà	culture	11.1
Wénhuà Dàgémìng	Cultural Revolution	3.5
wénhuàde	cultural	11.1
wénjùdiàn	stationery shop	7.1
wēnshuǐ	warm water	2.5
wèntí	problem	10.2
wèntí	question	12.8
wénxué	literature	11.2; 12.5
wénzhāng	essay	11.2; 12.6
wénzhāng	article	11.3
wénzi	mosquito	1.9
wǒ	I; me	2.13
wǒde míngzi jiào/shì	my name is ...	4.4

wǒ fá tā liú táng/xiào	I gave her a det	12.6
wǒ kěyǐ bāng (nǐde)máng ma ?	May I help you ?	4.2
wǒmen	we; us	2.13
wòshì	bedroom	8.2
wǒ xìng...	my surname is...	4.4
wǔ	five (5)	18.1
wù	fog; mist	1.5
wūdǐng	roof	8.5
wǔfàn	lunch	5.2
wǔhào	fifth (day of the month)	17.9
wǔjīnháng	hardware store	7.1
wùlǐ	physics	12.5
wǔniánjí	fifth year	12.4
wūrǎn	pollution	10.2
wǔtīng	dance hall	9.8
wǔyè	mid-night	17.10
wúyíde	certain; unquestionable	15.8
wǔyuè	May	17.7
wūzhǔ	home owner	8.4
wūzi	room	8.2
wúzuì	innocent	10.4

X

xǐ	to wash	2.5; 6.1; 8.7
xī	thin (consistency)	18.1
(jīng)xì	fine; detailed	18.1
(dà)xiā	(king) prawns	5.4
xià	to descend; to come down	8.4
xià	to get off	9.6
xià	down to	19.4
xiàbáo(zi)	to hail	1.5

xiàbian	below; the lower part	16.3
xiàcì	next time	17.3
xià(ge) xīngqī	next week	17.8
xià(ge) yuè	next month	17.6
xiàjì	summer	17.6
xià kè	to finish class	12.6
xiàlai	to come down	16.1
xiàlìng shíjiān	daylight-saving time	17.1
xián	salty; savoury	5.9
xiàn	counties	3.4
xiàn	a thread	6.1
Xiàn	County	9.2
xiān … cái …	first … and only then …	17.2
xiàndài wénxué	modern literature	11.2
xiǎng	to think	2.10
xiāng	aromatic; smells good	5.9
xiāng	case of	18.8
xiàng	elephant	1.9
xiàng	to resemble	15.2
xiàng	facing; toward	16.4
xiàng	look alike	19.1
xiàng	toward	19.4
xiāngdāng	fairly; rather	18.6
xiàngdǎo	guide	2.14
xiāngfǎn	contrary; opposite	15.2
Xiānggǎng	Hong Kong	3.4; 9.2
xiāngjiāo	banana	5.5
xiàngjiāo	rubber	8.8
xiàngliàn	necklace	6.3
xiàngpí	rubber	8.8
xiàngpí	eraser	13.5
xiāngxià	countryside	9.2

xiāngzào	soap	8.7
xiàng(zi)	lane; alley	9.3
xiànjīn	cash (noun)	7.3
xiànkuǎn	cash (noun)	7.3
xiànmù	to admire	2.8
xiànqián	cash (noun)	7.3
xiānsheng	husband	2.12
xiānsheng	Mr	2.15
xiànzài	now; at present	17.1
xiànzài	now; nowadays	17.1
xiān ... zài ...	first ... then ...	17.2
xiǎo	young (followed by surname - used more in P.R.C.)	2.15
xiǎo	small	18.1
xiào	to laugh	2.8
xiǎo-	for certain nouns (including surname and other appellations to indicate good friendship or acquaintance)	19.7
xiǎobàn	the minority	18.1
xiǎobiàn	to urinate	2.5
xiǎochīdiàn	tuckshop; cafeteria	5.3
xiǎochīdiàn	snackbar	9.8
xiǎode	to know about	2.10
xiāofáng(rén)yuán	fireman	2.14
xiǎofèi	tip; gratuity	5.3; 7.2
xiǎojie	Miss	2.15
xiǎokǎo	test	12.8
xiǎolù	path	8.4; 9.3
xiǎomài	wheat	10.8
Xī'ào (Pèisī)	W.A. (Perth)	9.2

xiǎorénshū	comics	11.3
xiǎoshēng	(in) a soft voice	13.2
xiǎoshí	hour	17.11
xiǎoshuō	novels	11.2
xiǎotōu	thief	10.5
xiǎoxīn	careful	2.8; 2.11; 9.6
xiǎoxué	primary school	9.8; 12.2
xiǎoxuéshēng	primary school student	12.3
xiǎoxué yīniánjí	primary grade one	12.4
xiāoyè	supper	5.2
xiǎoyǔ	drizzle	1.5
xiàozhǎng	headmaster	12.3
xià qí	to play chess	14.3
xiàqu	to go down	16.1
xiàtiān	summer	1.6; 17.6
xià tiàoqí	to play Chinese checkers	14.3
xiàtou	below; the lower part	16.3
xiàwǔ	P.M.; afternoon	17.10
xià xiàngqí	to play Chinese chess	14.3
xiàxuě	to snow	1.5
xià yítiào	startled	2.8
xiàyǔ	to rain	1.5
Xībānyá	Spain	9.2
xīcān	Western food	5.1
xīchénqì	vacuum cleaner	8.7
xǐchē	to wash the car	8.4
xǐdíjì	(washing) detergent	8.7
xiě	blood	2.2
xiě	to write	13.4
xiédài	shoe laces	6.3
xiédiàn	shoe shop	7.1
xièxie	to thank; thanks	4.2; 4.3

xièxie nǐ/nín	thank you	4.2
xièxie (nínde) zhāo-dài	thank you for your hospitality	4.5
xiě xìn	to write a letter	13.4
xiéyóu	shoe polish	6.3
xiézi	shoes	6.3
xiězìtái	desk	10.7
xī(fāng)	west	16.4
xǐfàjì	shampoo	8.7
xíguàn	to get used to; custom; habit	2.11
xíguàn	custom	10.1
xīguā	watermelon	5.5
xīhóngshì	tomato	5.6
xǐhuan	to like	2.9
xǐhuan	to like; to take an interest in	14.3
xǐjù	comedy	11.9
xìjù	drama	11.9
Xīlà	Greece	9.2
xǐliǎn	to wash one's face	2.5
xǐliǎnpén	basin	8.5
xīn	heart; mind	2.2
xīn	new	17.1
xìn	letter	13.6
xìnfēng	envelope	13.5
xíng	O.K.; all right	13.3
xǐng	to wake up	2.4
xìng	family name; surname	2.12
xìng	to be surnamed	19.1
xīngfèn	excited	2.8
xìngjiāo	sexual intercourse	2.3
xìngkuī	luckily	2.9
xíngli	luggage	9.7

xìngmíng	full name	2.12
xīngqī	week	17.8; 17.9
xīngqī'èr	Tuesday	17.9
xīngqīliù	Saturday	17.9
xìngqíng	temperament	2.8
xīngqīrì	Sunday	17.9
xīngqīsān	Wednesday	17.9
xīngqīsì	Thursday	17.9
xīngqītiān	Sunday	17.9
xīngqīwǔ	Friday	17.9
xīngqīyī	Monday	17.9
xíngrén	pedestrian	9.6
xíngshì	form; shape	15.1
xīng(xing)	star	1.1
xìngzi	temper	2.8
xìngzi	apricot	5.5
Xīní	Sydney	3.6
Xīnjiāpō	Singapore	9.2
xīnkǔ	exhausting; hard	2.8
Xīnnánwēiěrsī	New South Wales	9.2
(Xuělí; Xīní)	(Sydney)	
xīnnián	New Year	17.5
xīnwén	news	11.3; 11.4
xīnxiān	fresh	5.4
xìnxiāng	personal mailbox	13.6
Xīnxīlán	New Zealand	9.2
xìnyǎng	to believe in	11.6
xìnyòngkǎ(piàn)	credit card	7.3
xìnzhǐ	letter paper	13.5
xióng	bear	1.9
xiōng(bù)	chest; breast	2.2

xiōngdì	brothers (general - older and younger)	2.12
xióngmāo	panda	1.9
xiōngyī	bra	6.2
xǐtóu	to shampoo one's hair	2.5
xiūbǔ	to mend; to patch (clothes)	8.9
xiū(dào)shì	monk (Catholic)	11.6
xiūjià	to take a holiday	12.1
xiùkòu	cuff(links)	6.3
xiūlǐ	to repair; to fix	8.9
xiūlǐhǎole	fixed	8.9
xiūlǐ qìchē	repair the car	8.9
xiūnǚ	nun (Catholic)	11.6
xiūxi	to rest	14.3
xiūxishì	family room	8.2
xiùzi	sleeve	6.1
xǐ wǎn	to wash the dishes	8.7
xǐwǎncáo	sink	8.5
xīwàng	to hope; to wish	2.8
xǐwǎnjī	dishwasher	8.7
xīyān	to smoke	5.12
Xīyánghuà	Western painting	11.7
xīyī	Western medicine	2.7
xǐyīfěn	washing powder	8.7
xǐ yīfu	to wash clothes	8.7
xǐyījiān	laundry	8.2
xǐyījī	washing machine	8.7
xìyuàn	theatre	9.8
xǐzǎo	to have a bath or shower	2.5
xǐzǎofáng	bathroom	8.2
xǐzǎojiān	bathroom	8.2
xǐzǎopén	bathtub	8.5

xīzhuāng	suit (western style)	6.2
xuǎnjǔ	to elect; election	10.3
xuǎnzé	to choose	15.2
xǔduō	many; much; plenty of	18.7
xuě	snow	1.5
xuè	blood	2.2
xuéhuì	to master	12.7
xuějiā(yān)	cigars	5.12
xuénián	academic year	17.5
xuéqí; xuéqī	school term	12.1
xuéshēng	student; pupil	12.3
xuéshēngzhǎng	prefect	12.3
xuéxí	to learn; to study	12.7
xuéxiào	school	9.8; 12.2
xuèyā	blood pressure	2.6
xuéyuàn	institute; college	9.8
xuéyuàn	tertiary college	12.2
xuēzi	boots	6.3
xūyào	to need; a need	15.3

Y

ya	final particle	19.5
yá(chǐ)	teeth	2.2
yágāo	toothpaste	2.5
yàmábù	linen	6.4
yán	salt	5.4
(xiāng)yān	cigarettes	5.12
yāncǎo	tobacco	5.12
yāncǎodiàn	tobacconist	7.1
yáncháng	to lengthen; to extend	18.1
yāndǒu	pipe	5.12

(hǎi)yáng	ocean	1.3
yáng	sheep	1.9
yáng	Ocean	9.4
yǎng	to rear (animals); to raise (animals)	1.8
yángcōng	onion	5.6
yán'gé	strict; rigorous	2.11
yángguāng	sunshine	1.1
yǎng jīnyú	to keep goldfish	14.3
yánglì	solar calendar	17.5
yángmáo	wool	6.4
yǎng niǎo	to keep pet birds	14.3
yángròu	lamb	5.4
yángtái	balcony	8.5
yángzhuāng	dress	6.2
Yángzǐjiāng	Yangtze River	3.4
yānhuīgāng	ash-tray	5.12
yǎnjing	eye	2.2
yǎnjìng	glasses	6.3
yánjiū	to study; a study of; research	12.7
yánjiūyuán	researcher	2.14
yánjiù	to study; a study of; research	12.7
yánsè	colour	6.5
yánshuǐyā	salty duck	5.7
yánsù	stern; dignified; serious	2.11
yàntái	ink-stone	13.5
yǎnyuán	actor; actress	2.14
(nán)yǎnyuán	actor	11.9
yánzhòng	severe(ly)	15.3
yǎnzòu	to play a musical instrument	11.8
yǎo	to sting; to bite	1.8
yào	medicine	2.7

yāo(bù)	waist	2.2
yàoburán	otherwise	19.3
yāodài	(leather) belt	6.3
yàodiàn; yàofáng	pharmacy; chemist's	7.1
yàofáng	pharmacy	2.7
yàofāng	prescription	2.6
yáogǔnyuè	rock music	11.8
yàojǐn	urgent; important	15.3
yàoshi	key	8.5
yàoshì	if	19.3
yàowánr	pill	2.7
yáqiān	tooth pick	5.11
yáshuā	toothbrush	2.5
yáyī	dentist	2.7; 2.14
Yàzhōu	Asia	9.2
yā(zi)	duck	1.9
(shù)yè	leaf	1.7
yè	page of	18.8
yěcān	to go on a picnic	14.3
yèli	during the night	17.10
yèlǐfú	evening dress	6.2
yěshòu	wild animals	1.8
yèwǎn	evening; at night	17.10
yěxǔ	perhaps	15.8
yéye	grandpa	2.12
yěyíng	camping	14.3
yézi	coconut	5.5
yī	one (1)	18.1
yīchú	closet; wardrobe	8.3
yídài	(one) generation	2.12
Yìdàlì	Italy	9.2
yǐdiàn	cushion	8.5

yìdiǎn yìdiǎn de	little by little	18.6
yìdiǎr	a little (of)	18.5; 18.8
yìdiǎr yě méiyǒu	not even a little	18.5
yídìng	certainly; definitely	15.8
yídìng	for sure; for certain	15.8
yīfu	clothes	6.1
yíge ...	one (of) ...	18.1
yíge yuè	one month	17.6
yīguì	wardrobe; chest of drawers	8.3
yīhào	first (day of the month)	17.9
Yíhéyuán	Summer Palace	3.2
yǐhòu	later on; from now on	17.1
yǐhòu	and after that ...	19.3
yìhuì	parliament	10.3
yīhuìr	in a moment; in a short while	17.1
yīhuìr jiàn	see you soon	4.5
yìjiàn	opinion	10.3
yǐjīng	already	17.1
yī ... jiù	as soon as ... then ...	19.3
yíkè zhōng	quarter-hour	17.11; 18.1
yīlǐng	collar	6.1
yílù píng'ān	bon voyage! have a safe trip	4.5
yǐnchá	Yumcha (eat snacks Cantonese style)	5.7
yīndào	vagina	2.2
Yìndùníxīyà	Indonesia	9.2
Yìndùyáng	Indian Ocean	9.4
-yǐ 'nèi	within	16.5
yíng	to win	14.4
yìng	tough	5.9
yìng	hard	8.8
yīngdāng	ought to	2.9

yīng'ér	baby	2.1
yīnggāi	ought to	2.9
Yīngguó	England	9.2
Yīngguóhuà	English Language (colloquial)	13.1
Yīngguó wénxué	English literature	11.2
Yīng-hàn (zìdiǎn)	English-Chinese (dictionary)	11.2
yíngjiē	to go to meet someone	9.7
yínglì	profit	10.6
yīngliǎng	ounce	18.3
yīnglǐ	miles	18.2
yīngmǔ	acre	18.2
yīngtáo	cherry	5.5
Yīngwén	English (subject)	12.5
Yīngwén	English language	13.1
yǐngxiǎng	influence	15.1
yíngyè shíjiān	trading hours	17.1
yǐngyìn	to photocopy	12.6
yìngyòng-	applied (eg. mathematics)	12.5
Yīngyǔ	English language	13.1
yíngzàoshāng	building contractor	2.14
yínháng	bank	7.1; 9.8; 10.10
yǐnhào	inverted commas	11.2
yīniánjí	first year	12.4
yīnjīng	penis	2.2
yīnlì	lunar calendar	17.5
yīnmáo	pubic hair	2.2
Yìnní	Indonesia	9.2
yǐnqǐ	to cause	1.4
yínsè	silver	6.5
yìnshuā	to print	11.3
yìnshuāgōng(rén)	printer	2.14
yìnshuāshāng	printer	2.14

yīn(tiān)	cloudy; overcast	1.5
yīnwèi	because (of)	15.5; 19.3
yīnyuè	music	11.8; 12.5
yīnyuèhuì	concert	11.8
yīnyuèjiā	musician	2.14; 11.8
yīnyuèmí	music fan	11.8
yīnyuètīng	concert hall	9.8; 11.8
yǐqián	previously; ... ago	17.1
yǐqián	before; beforehand	19.3
yīshang	clothes	6.1
yīshēng	doctor; physician	2.7; 2.14
yìshù	arts	11.7
yìshùguǎn	art gallery	9.8
yìshùjiā	artist; painter	2.14; 11.7
yìsi	meaning	13.1
yì tiān	one day	17.8
yìwài	the unexpected	1.4
yǐwéi	consider; be of the opinion	2.10
yìwù	duty	10.1
yīxiē	a little; some	18.6
yìxiē	a little (of)	18.5
yíyàng	same	15.2
yíyè	the whole night	17.10
yīyuàn	hospital	2.7; 9.8
yīyuè	January	17.7
yìzhí(de)	straight	16.4
yǐzi	chair	8.3
yòng	to use	8.9
yòng	to take or use (time)	17.1
yòng	with (a tool)	19.4
yònggōng	studious	2.11
yòng wēibōlú zuò	to microwave	5.10

yòngyì	intention; purpose	2.8
yóu	oil	5.4
yǒu	there is; there are	13.3; 15.1
yǒu	to own; to have	15.1
yòu(bian)	right	16.3
yóubǐng	deep-fried pancake	5.7
yǒubìng	to be sick	2.6
yóuchāi	post(wo)man	2.14; 13.6
yǒu(dào)lǐ	reasonable	2.11
yǒu(de) shíhou	sometimes	17.1; 17.3
yòu'éryuán	kindergarten	12.2
yǒuhǎo	friendly	2.11
yóujiālìshù	eucalyptus	1.7
(hángkōng)yóujiǎn	aerogram	13.6
yǒu jīngyàn	experienced	10.7
yóujú	post office	7.1
yóujúyuán	post office worker	2.14
yǒu kòng	to have free time	14.3
yóulǎn	to sight-see	9.7
yóulǎnchē	tourbus	9.7
yǒu lǐmào	to be polite	4.3
yǒulì	forceful	2.11
yǒumíng(de)	famous; well known	11.1
yóunì	oily	5.9
yóupiào	postage stamp	13.6
yǒu qián	rich	10.2
yóuqūhàomǎ	postcode	13.6
yǒushí	once in a while	17.1
yǒutiáoyǒulǐ(de)	methodical(ly)	2.11
yóuxiāng	P.O. mailbox	13.6
yǒuxiào	valid	10.4
yǒu xiǎokǎo	to give a test	12.8

yǒuxiē	some (of)	18.5
yǒuyì shāngdiàn	Friendship store	3.2; 7.1
yǒu yìsi	interesting	2.9
yóuyǒng	to swim	14.4
yóuyǒng	swimming	14.5
yǒuyòng	useful	15.1
yóuyǒngchí	swimming pool	14.4
yóuyǒngyī	bathers	6.2
yóuyǒngyī	swimming costume	14.4
yóu(zhèng)jú	post office	9.8; 13.6
yǒuzuì	guilty	10.4
yú	fish	1.9; 5.4
yuán	dollar	7.3
yuǎn	far	18.2
Yuáncháo	Yuan (Mongol) Dynasty	3.5
yuándīng	gardener	2.14
yuángù	reason why	15.5
yuánliàng	to forgive	2.9
yuányīn	cause	15.5
yuányì	gardening	14.3
yuánzhūbǐ	ball point pen	13.5
yuànzi	backyard	8.4
yùbèi	to prepare	9.7
yúdiàn	fish shop	7.1
yùdìng	to make a reservation	9.7
yuē	to make an appointment	14.2
(guǎnxián) yuèduì	orchestra	11.8
yuèduō yuèhǎo	the more the better	18.7
yuēhǎo	to have arranged	14.2
yuè	month	17.6
yuèjīng	menstrual cycle	2.2
yuè lái yuè ...	more and more ...	19.3

yuè(liàng)	moon	1.1
Yuènán	Vietnam	9.2
yuèqì	musical instrument	11.8
yuèqǔ	musical item	11.8
yuèyě pǎobù	cross country running	14.5
yuè ... yuè ...	the more ... the more ...	19.3
yǔ	rain	1.5
yǔfǎ	grammar	13.1
yúfū	fisherman	2.14
yǔjì	rainy season	1.5
yúlè	entertainment	14.3
yǔmáoqiú	badminton	14.5
yùmǐ	sweet corn	5.6
yún	cloud	1.5
yùndòng	to exercise; sport	14.4
yùndòngchǎng	playground; sportsground	12.6
yùndòngchǎng	playing field	14.4
yùndònghuì	athletics meeting	14.4
yùndòngshān	sweat shirt	6.2
yùndòngyī	tracksuit	6.2
yùndòng yòngjùdiàn	sporting goods shop	7.1
yùndòngyuán	athlete	14.4
yùndǒu	an iron	8.7
yùpén	bathtub	8.5
yúshì	then; therefore; and so	19.3
yùshì	bathroom	8.2
yùsuàn	budget	10.6
yǔyán	language	13.1
yǔyī	raincoat	6.2

Z

zágōng	handyman	2.14

zài	at; in	19.4
zàijiàn	good-bye; see you again	4.5
zāinàn	disaster	1.4
zài yícì	once more; once again	17.3
zāng	dirty	6.1; 8.7
zǎo	to be early	17.1
zǎo	early	17.4
zǎo'ān	good morning	4.1
zǎobào	morning paper	11.3
zǎochén	morning	17.10
zǎofàn	breakfast	5.2
zāogāo	too bad; how terrible	2.9
zǎoshang	morning	17.10
zào(tái)	stove	5.11
Zāyīěr	Zaire	9.2
zázhì	magazine	11.3
zēngjiā	to increase	18.1
zěnme huí shì ?	what happened?	4.2
zěnme (yàng)	how	19.2
zérèn	responsibility	10.1
zhá	to deep fry	5.10
zhǎi	narrow	18.1
zhān	to glue	8.9
zhǎng	to grow; to develop	2.2
zhāng	post card U.M.	13.6
zhāng	paper U.M.; objects with flat surface U.M.	18.8
zhàngdān	bill	5.3; 7.2
zhàngfu	husband	2.12
zhǎnkāi	to spread out	18.1
zhǎnlǎn (huì)	exhibition	11.7
zhāntóubǐ	felt tipped pen	13.5

zhànzhēng	war	10.11
zhǎo	to give (change)	7.2
zhǎo	to look for	16.1
(àn)zhào	according to	19.4
zhǎobúdào	unable to find	16.1
zhǎodào	to have found; to be found	16.1
zhǎo gōngzuò	to look for work	10.7
zhāohuì	assembly	12.6
zháohuǒ	to catch fire	1.4
zháojí	worried	2.8
zháoliáng	to catch or have a cold	2.6
zhàoxiàngguǎn	photo shop	7.1
zhàoxiàngjī	camera	14.3
zhàoxiàngjīdiàn	camera store	7.1
zhé	a bend; a fold	8.9
zhè	this	16.2
zhèbiān	this side	16.3
zhècì	this time	17.1
zhéduàn	snap	8.9
zhè fùjìn	(in this) neighbourhood	16.3
zhège	this (one)	16.2
zhège xīngqī	this week	17.8
zhège yuè	this month	17.6
zhèhuí	this time	17.1
zhèi	this	16.2
zhèige	this (one)	16.2
(dǎ)zhékou	(to give) discount	7.2
zhèlǐ	here; this place	16.3
zhème	in this way	16.2
zhēn	needle	6.1
zhēnde	real	15.8
zhēng	to steam	5.10

zhèngfǔ	government	10.3
zhěnggè	the whole lot	18.1
zhèngkè	politician	2.14; 10.3
zhèngquè	accurate	15.1
zhěngtiān	all day long	17.1; 17.10
zhěngyè	the whole night	17.10
zhēngyuè	first month (lunar)	17.7
zhèngzài	right now; in the midst of ...ing	17.1
zhèngzhì	politics	10.3; 12.5
zhèngzhìjiā	politician	2.14; 10.3
zhēnjiǔ	acupuncture	2.7
zhěnliáosuǒ	clinic	2.7
zhěntou	pillow	8.3
zhèr	here; this place	16.3
zhèxiē	these	16.2
zhèxiē tiān	these days	17.1; 17.8
zhéxué	philosophy	12.5
zhèyàng	in this way	16.2
zhèyàng	this kind (of)	16.2
zhèyàng	upon this; in this way	19.3
zhèzhǒng	this kind (of)	16.2
zhī	small animals U.M.	1.8
zhǐ	paper	13.5
zhī	animals U.M.; birds U.M.	18.8
zhī	large animals (cows, pigs) U.M.	18.8
zhī	a stick of	18.8
zhī (lit. 'branch')	pens U.M.; pencils U.M.; cigarettes U.M.	18.8
(shù)zhī	branches	1.7
zhǐbì	notes; paper money	7.3
zhīdao	to know about	2.10

zhīdao	to know	12.7
zhídào nàshí	till then	17.1
zhídào xiànzài	till now	17.1
zhìdù	system	10.1
zhìfú	uniform	6.1
zhǐhuī	conductor (orchestra or band)	11.8
zhǐjia	nail	2.2
Zhìlì	Chile	9.2
zhīmáyóu	oil (sesame)	5.4
...zhīnèi	within...	18.6
(sīrén)zhīpiào	cheque (personal)	7.3
zhīshi	knowledge	12.7
zhīshifènzǐ	intellectual	2.14
zhíwù	plants	1.7
zhíwùyuán	botanical gardens	1.7; 9.8
zhǐyào	as long as	19.3
zhíyè	occupation; profession	2.14; 10.7
zhíyè xuéxiào	technical school	12.2
zhíyuán	clerk; staffer	2.14
zhíyuán	employee	10.10
zhǒng	kind of	18.8
zhòng	to plant	1.7
zhòng	heavy	18.3
zhōngbiǎodiàn	watchmaker's	7.1
Zhōngcān	Chinese food	5.1
zhòng dàozi	to grow rice	10.8
zhōngdiǎn	terminus	9.8
zhōngfàn	lunch	5.2
Zhōngguó	China	3.1; 9.2
Zhōngguó cài	Chinese food	5.1
Zhōngguó huà	Chinese language (spoken)	3.3; 13.1
Zhōngguó huà(r)	Chinese painting	11.7

Zhōngguó Mínháng	C.A.A.C (General Administration of Civil Aviation of China)	3.2
Zhōngguó rén	Chinese (people)	3.1
Zhōngguó xīnnián	Spring Festival; Chinese New Year	3.1
Zhōnghuá Mínguó	the Republic of China	3.1
Zhōnghuá Rénmín Gònghéguó	the People's Republic of China	3.1
zhōngjiān	between; middle	16.3
zhǒnglèi	kind; type	15.1
zhòngliàng	weight	18.3
zhōngnián rén	middle-aged person	2.1
Zhōngqiūjié	Mid-Autumn Festival	3.1
Zhōngshānzhuāng	Chinese tunic suit	6.2
zhōngtóu	hour	17.11
Zhōngwén	Chinese language	3.3; 13.1
Zhōngwén	Chinese (subject)	12.5
Zhōngwén bān	Chinese class	12.6
zhōngwǔ	noon; mid-day	17.10
zhōngxué	secondary school	9.8
zhōngxué	high school	12.2
zhōngxuéshēng	high school student	12.3
zhōngxué yīniánjí	high school first year	12.4
zhòngyào	important; significant	15.3
Zhōngyī	Chinese medicine	2.7
zhōngzhàn	terminus	9.8
zhǒngzǐ	seeds	1.7
(dà)zhōu	continent	1.2
zhōu	state	3.6
zhōu	rice gruel	5.7
Zhōu	State	9.2

zhōumò	week-end	17.9
zhǔ	to boil in water	5.10
zhū	pig	1.9
zhuā	to arrest; to grab	10.5
zhuā	to take hold of	15.4
zhuǎn	to turn corners	16.1
zhuǎn duō yún	(to become) cloudy	1.5
zhuāngshì	to decorate	8.4
zhuāngshìpǐn	ornament	8.5
zhuāngzhòng	dignified	2.11
zhuānjiàng	bricklayer; tiler	2.14
zhuànniǔ	knobs	11.4
zhuān(tou)	brick	8.8
zhuānxīn	single-minded	2.11
zhūbǎo	jewellery	6.3
zhūbǎodiàn	jewellery shop	7.1
zhǔn	punctually; precisely	15.8
zhǔnbèi	to prepare	9.7
zhǔnshí	to be on time	17.1
zhuōzi	table	8.3
zhǔrén	host	14.2
zhūròu	pork	5.4
zhúsǔn	bamboo shoots	5.7
zhǔxí	chairman	3.1; 10.3
zhùxiào	to board at school	12.2
zhùxiàoshēng	school boarder	12.2
zhǔyào	essential	15.3
zhù(zài)	to live in/at	8.4
zhúzi	bamboo	1.7
zì	word; character	13.1
zīběn	capital	10.6
zīběnzhǔyì	capitalism	10.3

zìdiǎn	dictionary	11.2
zìdòngfútī	escalator	8.5
zìjǐ	oneself; -self	2.13
zìjǐ lái	to help yourself	5.1
zīliào	material; data	11.5
zìmǔ	letter of the alphabet	13.1
zìrán	natural; nature	1.4
zìrán kēxué	natural science	12.5
zǐsè	purple	6.5
zìxíngchē	bicycle; push bike	9.5
zìyóu	freedom	10.2; 10.3
Zìyóudǎng	Liberal Party	10.3
zìyóuzhǔyì	liberalism	10.3
zìzhǐlǒu	wastepaper basket	8.5
zìzhìqū	autonomous region	3.4
zìzhùcān	buffet	5.1
zōngjiào	religion	11.6
zōngjiào jiàoyù	religious education	12.5
zǒnglǐ	premier	10.3
zǒnglǐ	prime minister	10.3
zōngsè	brown	6.5
zǒng(shì)	always	17.3
zǒngtǒng	president	3.1; 10.3
zǒu	to go; to leave	16.1
zǒuláng	corridor	8.2
zǒuláng	veranda	8.5
zǒu(lù)	to walk	16.1
zū	to rent	8.4
zǔ	team of	18.8
zǔfù	grandfather (paternal)	2.12
zuǐ(ba)	mouth	2.2
zuì	drunk	5.8

zuì	most	15.2
zuìhòu	at last; finally	17.1
zuìhòude (yíge)	last one	17.2
zuìhòu yícì	the last time	17.3
zuìjìn	recently	17.1
(hē)zuìle	drunk	5.8
zuì rèmén sìshí-shǒu	Top 40	11.8
zūjīn	the rent	8.4
zǔmǔ	grandmother (paternal)	2.12
zuò	to ride on	9.5
zuò	to do; to make	15.1
zuò	bridges U.M.; mountains U.M.	18.8
zuò ba	take a seat	4.2
zuǒ(bian)	left	16.3
zuòcài	to cook a meal; to prepare a meal	5.10
zuòcài	cooking	14.3
zuòfàn	to cook a meal; to prepare a meal	5.10
zuòfàn	to cook	8.4
zuòjiā	writer	2.14; 11.2
zuò lǐbài	to attend church	11.6
zuòmèng	to dream	2.4
zuò shíyàn	to do a scientific experiment	11.5
zuò shì	to work	10.7
zuótiān	yesterday	17.8
zuòwán	finish doing	17.2
zuòwén	composition	12.6
zuòyè rìjì	homework diary	12.6
... zuǒyòu	about; approximately	17.1
zúqiú	soccer	14.5
zǔxiān	ancestor	2.12

Appendix 3
Selected School Vocabulary

A

able (physically)	néng	15.1
able (result of learning)	huì	15.1
able to hear	tīngdejiàn	2.10
able to see	kàndejiàn	2.10
about	... zuǒyòu	17.1
about	chàbuduō ...	17.1
about	chàbuduō	18.4
about how many	dàgài (shì / yǒu) duōshao	18.4
above	shàngtou; shàngbian	16.3
accompany, to	péi	14.2
according to	(àn)zhào	19.4
accountant	kuàijì(yuán)	2.14
accounting	kuàijì	12.5
acquainted with (a person), be	rènshi	2.10
add, to	jiā	18.1
address	dìzhǐ	13.6
adult	dàrén	2.1
aeroplane	fēijī	9.5
affix, to	tiē	13.6
Africa	Fēizhōu	9.2
after ...	... yǐhòu	17.1
afternoon	xiàwǔ	17.10
agriculture	nóngyè	10.8
air	kōngqì	1.1

airmail	hángkōngxìn	13.6
airport	fēijīchǎng	9.5; 9.8
A is much ... than B	A bǐ B ... de duō	15.2
A is not as ... as B	A méiyǒu B ...	15.2
A is ... than B	A bǐ B ...	15.2
all	suǒyǒude	18.7
all day long	zhěngtiān	17.1; 17.10
all kinds (of)	gèzhǒng; suǒyǒude	15.2
all right	xíng	13.3
almost	chàbuduō	18.4; 18.6; 18.7
(in) a loud voice	dàshēng	13.2
already	yǐjīng	17.1
also	érqiě	19.3
although	suīrán	15.8
although ... yet	suīrán ... dànshì	19.3
always	lǎo(shì); zǒng(shì)	17.3
am	shì	19.1
A.M.	shàngwǔ	17.10
amuse oneself, to	wánr	14.3
(to have) an accident	chūshì; (chū)chēhuò	9.5
and (used between words)	gēn; hé	19.3
and after that ...	yǐhòu	19.3
and so	yúshì	19.3
angry, be	shēngqì	2.8
animal	dòngwù	1.8
animals U.M.	zhī	18.8
annoying	tǎoyàn	2.8
answer	huídá	12.8
answer, to	huídá	13.2
answer the phone, to	jiē diànhuà	13.7
apart from	chúle...(yǐwài)	15.2

apple	píngguǒ	5.5
applied (eg. maths)	yìngyòng	12.5
approximately	... zuǒyòu	17.1; 18.4
April	sìyuè	17.7
are	shì	19.1
around	fùjìn	16.3
arrive, to	dào	16.1
arrive late, to	chídào; láiwǎnle	9.7
art	měishù	12.5
art gallery	měishùguǎn; huàláng	11.7
article	wénzhāng	11.3
ascend, to	shàng	8.4
Asia	Yàzhōu	9.2
ask, to	wèn	13.2
asleep	shuìzháo	2.4
as long as	zhǐyào	19.3
(in) a soft voice	xiǎoshēng	13.2
as one pleases	suíbiàn	2.9
assembly	zhāohuì; jíhé	12.6
assist, to	bāngmáng; bāngzhù	14.1
as soon as ... then ...	yī ... jiù	19.3
as you wish	suí (nǐde) biàn	4.2
at	zài	19.4
at a loss	méifázi; méibànfǎ	2.9
at ease	shūfu	2.9
athlete	yùndòngyuán	14.4
athletics meeting	yùndònghuì	14.4
at last	zuìhòu	17.1
at night	wǎnshang; yèwǎn	17.10
at once	lìkè; mǎshàng	17.1
at present	xiànzài	17.1
attend, to	dào	12.6

attendant	fúwùyuán	2.14
attend class, to	shàng kè	12.6
attend school, to	shàng xué	12.1
attention please !	qǐng zhùyì	12.6
audible	tīngdedào	13.2
August	bāyuè	17.7
Australia	Àodàlìyà; Àozhōu	9.2
Australia (continent)	Àozhōu	9.2
autumn	qiūtiān; qiūjì	1.6; 17.6

B

back	hòutou; hòubian	16.3
back entrance	hòumén	8.5
backyard	yuànzi; hòuyuàn	8.4
bad	huài	2.9
(leather) bag	(pí)bāo	6.3
bake, to	kǎo	5.10
ball	qiú	14.4
ball point pen	yuánzhūbǐ	13.5
banana	xiāngjiāo	5.5
bank	yínháng	7.1; 9.8; 10.10
basketball	lánqiú	14.5
bathers	yóuyǒngyī	6.2
bathroom	xǐzǎojiān; yùshì; xǐzǎofáng	8.2
beach	shātān; hǎitān	1.3
beautiful	piàoliang; měilì	15.7
because (of)	yīnwèi	15.5; 19.3
become, to	chéngwéi	15.1
bed	chuáng	8.3

bedroom	wòshì; shuìfáng	8.2
beef	niúròu	5.4
beer	píjiǔ	5.8
before	yǐqián	19.3
beforehand	yǐqián	19.3
begin, to	kāishǐ	17.2
begin term, to	kāixué	12.1
below	xiàtou; xiàbian	16.3
be of the opinion	yǐwéi; rènwéi	2.10
besides	háiyǒu; (lit.) cǐwài	19.3
between	zhōngjiān	16.3
between	-zhōngjiān	16.5
bicycle	zìxíngchē	9.5
bill	zhàngdān	5.3; 7.2
biology	shēngwù	12.5
bird	niǎo	1.9
birds U.M.	zhī	18.8
birthday	shēngrì	2.3
biscuits	bǐnggān	5.4
black	hēisè	6.5
blackboard	hēibǎn	12.6
black tea	hóngchá	5.8
blue	lánsè	6.5
board at school, to	zhùxiào	12.2
boarding house	sùshè	12.2
boat	chuán	9.5
body	shēntǐ	2.2
boiled water	kāishuǐ	5.8
book	shū	11.2
bookshop	shūdiàn	9.8; 11.2
book store	shūdiàn	7.1
books U.M.	běn	18.8

boring	méi yìsi	2.9
born, be	shēng	2.3
borrow, to	jiè	7.2
(to) borrow (money) from	gēn...jiè(qián)	10.10
bothersome	máfan	2.9
bottle of	píng	18.8
bowl	wǎn	5.11
bowl of	wǎn	18.8
box of	hé	18.8
boy	nánháizi	2.1
boy friend	nánpéngyou	14.1
brackets	kuòhào	11.2
bread	miànbāo	5.4
breakfast	zǎofàn	5.2
bright	liàng	1.1
bring along, to	dài (lai/qu)	15.4
broken; damaged	(dǎ)pòle	8.9
broken; out of order	huàile	8.9
brother (older)	gēge	2.12
brothers (general - older and younger)	xiōngdì	2.12
brother (younger)	dìdi	2.12
brush	máobǐ	13.5
building (multi-storey or of large size)	lóufáng; dàlóu	8.1
building U.M.	suǒ; dòng	18.8
bus	gōnggòngqìchē	9.5
business (wo)man	shāngrén	2.14
busy	máng	10.7
but	dànshì; kěshì	15.8; 19.3
butter	huángyóu; niúyóu	5.4

buy, to	mǎi	7.2
(...ed) by (passive voice)	bèi	19.4

C

cafeteria	cāntīng; xiǎochī diàn	5.3
cake	dàn'gāo	5.4
called, be	jiào; jiàozuò	19.1
camera	zhàoxiàngjī	14.3
candy	táng; tángguǒ	5.4
can of	guàn	18.8
can't help	méifázi; méibànfǎ	2.9
Cantonese food	Guǎngdōngcài	5.7
capable	nénggàn	2.11
capital	shǒudū	3.4
car	qìchē; chēzi	9.5
careful	xiǎoxīn	2.8; 2.11; 9.6
car park	tíngchēchǎng	9.8
carpet	dìtǎn	8.5
cars U.M.	liàng; bù	18.8
cat	māo	1.9
catch a cold, to	zháoliáng	2.6
celebrate the New Year, to	guò nián	17.5
cent	fēn	7.3
certainly	díquè; yídìng	15.8
chair	yǐzi	8.3
chalk	fěnbǐ	12.6
change; exchange	huàn	7.2
change (money)	língqián	7.3
change into, to	huàn	6.1

character	zì; Hànzì	13.1
characters	Hànzì	3.3
chat, to	tán(tiān)	13.2; 14.1
cheap	piányi	7.3
cheers! bottoms up!	gānbēi	4.2
chemistry	huàxué	12.5
chicken	jī	1.9; 5.4
child	(xiǎo)háizi	2.1
China	Zhōngguó	3.1; 9.2
Chinese class	Zhōngwén bān	12.6
Chinese Currency	Rénmínbì	7.3
Chinese-English (dictionary)	Hàn-yīng (zìdiǎn)	11.2
Chinese food	Zhōngcān; Zhōngguó cài	5.1
Chinese language	Zhōngwén; Hànyǔ	3.3; 13.1
Chinese language (spoken)	Zhōngguóhuà	3.3; 13.1
Chinese painting	Zhōngguó huà(r)	11.7
Chinese (people)	Zhōngguórén	3.1
Chinese (subject)	Zhōngwén; Hànyǔ	12.5
chopsticks	kuàizi	5.11
Christmas	shèngdànjié	11.6
cigarettes	(xiāng)yān	5.12
cigarettes U.M.	gēn; zhī	18.8
cinema	diànyǐngyuàn	9.8
cities	chéng(shì)	3.4
city	chéngshì	9.2
classical item	gǔdiǎn yīnyuè	11.8
classmate	tóngxué	14.1
classroom	jiàoshì; kèshì	12.6
clean, to	nònggānjìng; gǎogānjìng	8.7
clean (adjective)	gānjìng	6.1; 8.7

clear, be	qīngchu	2.10
clear about, be	míngbai	2.10
clerk	zhíyuán	2.14
clever	cōngming	2.11
climate	qìhòu	1.5
close by	jìn; fùjìn	18.2
close (door or window), to	guān	8.4
clothes	yīfu; yīshang	6.1
clothes U.M.	jiàn	6.1
cloud	yún	1.5
(to become) cloudy	biàn yīntiān; zhuǎn duō yún	1.5
cloudy	yīn(tiān)	1.5
coffee	kāfēi	5.8
coffee shop	kāfēi guǎn; kāfēi diàn	5.3
cold	lěng	1.5
cold water	lěngshuǐ	2.5
college	xuéyuàn	9.8
colon	màohào	11.2
color television	cǎisè diànshì(jī)	11.4
colour	yánsè	6.5
come, to	lái	16.1
come back, to	huílai	16.1
come down, to	xià	8.4
come down, to	xiàlai	16.1
come in, to	jìnlai	16.1
come out, to	chūlái	8.4; 16.1
come up, to	shànglai	16.1
comfortable	shūfu	2.9
comics	xiǎorénshū	11.3
comma	dòuhào	11.2
command	jiào	13.2

commerce	shāngyè	10.10
common	pǔtōng	15.7
common U.M. for persons and most objects	gè	18.8
company	gōngsī	10.10
comparatively	bǐjiào	18.6
compare, to	(gēn...) bǐ(jiào)	15.2
compared to (eg. to be taller than X)	bǐ (eg. bǐ X gāo)	19.4
comparing	gēn ... bǐ	19.4
comparison	(gēn...) bǐ(jiào)	15.2
compete, to	bǐsài	14.4
competition	bǐsài	14.4
completed	hǎole	8.9
completely	wánquán	18.7
complex characters	fántǐzì	3.3
complicated	fùzá	15.6
composition	zuòwén	12.6
concerning ...	guānyú	19.4
concert	yīnyuèhuì	11.8
concert hall	yīnyuètīng	11.8
conductor	shòupiàoyuán	2.14
congratulations	gōngxǐ	4.2
conscientious	rènzhēn	2.11
consider	yǐwéi; rènwéi	2.10
consult (a dictionary), to	chá (zìdiǎn)	11.2
consult a doctor, to	kànbìng; kàn yīshēng	2.6
continue	jìxù	17.1
convenient	fāngbiàn	2.9
cook, to	zuòfàn	8.4

cook a meal, to	zuòfàn; zuòcài; nòng (colloquial)	5.10
cooked rice	fàn	10.8
cool	liáng(kuai)	1.5
copy, to	chāoxiě	12.7
correct	duì	12.7
cough	késou	2.6
count, to	shǔ	12.6
country	guójiā	9.1
countryside	xiāngxià	9.2
cow	niú	1.9
cricket	bǎnqiú	14.5
cross country running	chángpǎo; yuèyě pǎobù	14.5
cross (the road), to	guò(mǎlù)	9.3
cultural	wénhuàde	11.1
culture	wénhuà	11.1
cup	bēi(zi)	5.11
cup of	bēi	18.8
custom	xíguàn	2.11; 10.1
cute	kěài	15.7

D

dad	bàba	2.12
daily paper	rìbào	11.3
damaged	(dǎ)pòle	8.9
dance, to	tiàowǔ	14.2; 14.3
danger(ous)	wēixiǎn	1.4; 9.6
(it's become) dark	tiān hēile	1.1
dark	shēn(sè)	6.5
dash	pòzhéhào	11.2
daughter	nǚér	2.12
day after tomorrow	hòutiān	17.8

day before yesterday	qiántiān	17.8
day (of the month)	-hào	17.9
days	tiān; rì	17.8
daytime	báitiān	17.10
dead	sǐle	1.7; 2.3
December	shíèryuè	17.7
definitely	díquè; yídìng	15.8
degrees	dù	1.5
delicious	hǎochī	5.9
deliver, to	sòng	7.2
dentist	yáyī	2.7; 2.14
department store	bǎihuò(shāng)diàn; bǎihuògōngsī	7.1; 9.8
deputy headmaster	fùxiàozhǎng	12.3
descend, to	xià	8.4
desk	shūzhuō	8.3
develop, to	zhǎng	2.2
dialect	fāngyán	13.1
dictation	tīngxiě	12.6
dictionary	zìdiǎn; cídiǎn	11.2
did hear	tīngjiànle	2.10
did not hear	méitīngjiàn	2.10
did not see	méikànjiàn	2.10
die, to	sǐ	2.3
different	bùtóng; bùyíyàng	15.2
difficult	nán	15.6
difficulties	kùnnan	15.6
dining hall (in a uni or school etc.)	shítáng	5.3
dining room	fàntīng	8.2
dining room (in a home)	fàntīng	5.3

dining room (in a hotel)	cāntīng; fàntīng	5.3
dinner	wǎnfàn	5.2
direction	fāngxiàng; ...fāng	16.4
direction	-fāng	16.5
dirty	zāng	6.1; 8.7
disappointed	shīwàng	2.8
discover, to	fāxiàn	11.5
discovery	fāxiàn	11.5
divided, be	fēnbié	14.1
divide into, to	fēn (chéng)	18.1
do, to	zuò	15.1
doctor (medical)	yīshēng; dàifu	2.7; 2.14
doesn't matter	méiguānxi	2.9
dog	gǒu	1.9
dollar (Chinese)	yuán; kuài (used in conversation)	7.3
dollars (Australian)	Àobì	7.3
don't mention it! no need to be polite!	bié kèqi; bú(yòng) kèqi	4.3
don't thank me!	búyòng xiè	4.3
door	mén	8.5
doorway	ménkǒur	8.5
do well (in exam), to	kǎode búcuò	12.8
downstairs	lóuxià	8.5
down to	xià	19.4
draw (a picture), to	huàhuàr	14.3
drawer	chōuti	8.5
drink, to	hē	5.1
drive (navigate), to	kāi	9.6
driver (of taxis, buses, trucks etc.)	sījī	2.14

duck	yā(zi)	1.9
during the night	yèli	17.10

E

each year	niánnián; měinián	17.5
ear	ěrduo	2.2
early, be	zǎo	17.1
early	zǎo	17.4
east	dōng(fāng)	16.4
easy	róngyì	15.6
eat a meal, to	chī fàn	5.1
eat and drink, to	chī gēn hē	5.1
economics	jīngjìxué	12.5
economy	jīngjì	10.6
edge	-páng; -biān	16.5
educate, to	jiàoyù	12.1
education	jiàoyù	12.1
egg (boiled, fried, scrambled)	(jī)dàn (zhǔ, jiān, chǎo)	5.4
eight (8)	bā	18.1
elevator	diàntī	8.5
end of school day	fàngxué	12.6
engaged (telephone)	dǎbutōng	13.7
England	Yīngguó	9.2
English-Chinese (dictionary)	Yīng-hàn (zìdiǎn)	11.2
English language	Yīngwén; Yīngyǔ	13.1
English Language (colloquial)	Yīngguóhuà	13.1
English literature	Yīngguó wénxué	11.2
English (subject)	Yīngwén	12.5
enough	gòu	18.6

enter, to	jìn	8.4
enthusiastic about	duì...yǒu xìngqu	2.9
entirely	wánquán(de)	15.2
entrance	ménkǒur	8.5
environs	fùjìn	16.3
especial	tèbié	2.11
especially	tèbié	2.11
essay	wénzhāng	11.2; 12.6
Europe	Ōuzhōu	9.2
evening	wǎnshang; yèwǎn	17.10
even more	gèng ...	15.2
events U.M.	jiàn	18.8
everyday	tiāntiān; měitiān	17.8
every month	měi(ge) yuè	17.6
every morning	měitiān zǎoshang	17.10
everyone	dàjiā; rénrén	2.13
every time	měicì	17.1
every week	měi(ge) xīngqī	17.8
everywhere	gèchù	16.3
examination	kǎoshì	12.8
examine, to	kǎoshì	12.8
exceedingly	fēicháng	18.7
except for	chúle ... (yǐwài)	19.4
excessively	tài	18.7
exchange	huàn	7.2
excited	jǐnzhāng	2.8
exclamation mark	jīngtànhào	11.2
excuse me!	duìbuqǐ	4.3
excuse me (followed by a question)	qǐngwèn; láojià	4.2
exercise, to	yùndòng	14.4
exhibition	zhǎnlǎn (huì)	11.7

expensive	guì	7.3
explain, to	shuōmíng	13.2
explanation	shuōmíng	13.2
expression	huà	13.1
extra-curricular activities	kèwài huódòng	12.6
extremely	... jíle; fēicháng	15.3; 18.7
eye	yǎnjing	2.2

F

face	liǎn	2.2
facing	xiàng; wàng	16.4
facing	duì(zhe)	19.4
factory	gōngchǎng	10.9
fail, to	bùjígé	12.8
fairly	xiāngdāng	18.6
family	jiā	8.1
family (members)	jiā(shǔ)	2.12
family name	xìng	2.12
famous	yǒumíng(de)	11.1
far	yuǎn	18.2
farm (agricultural)	nóngchǎng	10.8
farmer	nóngrén	2.14
fast	kuài	17.1; 17.4
fat	pàng	2.2; 18.1
father	fùqin	2.12
fault	máobìng	8.9
February	èryuè	17.7
feel, to	juéde	2.6; 2.8
few	jǐ(ge)	18.5
fifth (day of the month)	wǔhào	17.9

fifth year	wǔniánjí	12.4
finally	zuìhòu	17.1
final particle	le; la; ma; me; na; ya; de	19.5
final / question particle	a; ba	19.5
fine	hǎo	13.3
finish class, to	xià kè	12.6
finish doing	zuòwán	17.2
finishing soon	kuàiwánle	17.2
fire	huǒ	1.4
first ... and only then ...	xiān ... cái ...	17.2
first (day of the month)	yīhào	17.9
first name	míngzi	2.12
first of all	shǒuxiān	17.2
first period (etc.)	dìyījié kè	12.6
first ... then ...	xiān ... zài ...	17.2
first time, the	dìyícì; tóuyícì	17.3
first tone	dì yī shēng	3.3
first year	yīniánjí	12.4
fish	yú	1.9; 5.4
fish U.M.	tiáo	18.8
five (5)	wǔ	18.1
fix, to	xiūlǐ	8.9
flesh	ròu	2.2
(ground) floor	(yī) lóu	8.1
flower	huā(r)	1.7
flowers U.M.	duǒ	1.7; 18.8
fly, to	fēi	1.8
foot race	sàipǎo; jìngzǒu	14.5
for a long time	hěn / hǎo jiǔ	17.1

for certain	yídìng	15.8
foreign	wàiguó(de)	9.1
foreigner	wàiguórén	9.1
foreign language	wàiwén; wàiyǔ	13.1
foreign language (colloquial)	wàiguóhuà	13.1
forenoon	shàngwǔ	17.10
for example	bǐfāng shuō	19.3
forget, to	wàng(jì)	12.7
fork	chā(zi)	5.11
for sure	yídìng	15.8
for the first time	dìyícì; tóuyícì	17.2
for the most part	duōbàn	15.3
for (the sake of)	wèi; wèile	19.4
found, be	zhǎodào	16.1
four (4)	sì	18.1
four seasons, the	sìjì	1.6; 17.6
fourth (day of the month)	sìhào	17.9
fourth tone	dì sì shēng	3.3
fourth year	sìniánjí	12.4
France	Fàguó; Fǎguó	9.2
freeway	gāosùgōnglù	9.3
Friday	xīngqīwǔ	17.9
friend	péngyou	14.1
from	cóng	17.1; 19.4
(separated) from	lí	19.4
from now on	yǐhòu	17.1
front	qiántou; qiánbian	16.3
front	-qián	16.5
front entrance	qiánmén	8.5
fruit	shuǐguǒ	5.5

fruit juice	guǒzhī	5.8
full, be	bǎo	5.1
full	mǎn	18.7
full name	xìngmíng	2.12
full (sated)	bǎo	18.7
full stop	jùhào	11.2
funny	hǎoxiào	2.8

G

garden	huāyuán	8.4
garments U.M.	jiàn	18.8
general alcoholic beverages	jiǔ	5.8
general (eg. maths)	pǔtōng-	12.5
generally	dàgài	18.4
geography	dìlǐ	12.5
Germany	Déguó	9.2
get off, to	xià	9.6
get on, to	shàng	9.6
get up, to	qǐlai	16.1
get up (from bed), to	qǐlai; qǐchuáng	2.4
get used to, to	xíguàn	2.11
gift	lǐwù; lǐpǐn	4.3
girl	nǚháizi	2.1
girl friend	nǚpéngyou	14.1
give, to	gěi	15.4
give (a present), to	sòng (lǐ) gěi ...	15.4
give a test, to	yǒu xiǎokǎo	12.8
give back, to	huán ...	15.4
give birth, to	shēng	2.3
give (change), to	zhǎo	7.2
given name	míngzi	2.12

give to, to	gěi	19.4
glass	bēi(zi)	5.11
glasses	yǎnjìng	6.3
go, to	qù; zǒu	16.1
go back, to	huíqu	16.1
go down, to	xiàqu	16.1
go in, to	jìnqu	16.1
golden	jīn(huáng)sè	6.5
goldfish	jīnyú	1.9
good	hǎo	2.9; 13.3
good at...	hěn huì...	2.11
good-bye	zàijiàn	4.5
good day	nín hǎo (formal); nǐ hǎo	4.1
good deal of, a	hǎoxiē; hěnduō	18.7
good evening	wǎn'ān	4.1
good-looking	hǎokàn	15.7
good morning	zǎo'ān; nǐ/nín zǎo	4.1
good night	wǎn'ān	4.1
go on a trip, to	qù lüxíng	14.3
go out, to	chūqu	16.1
go to, to	dào	19.4
go to bed, to	shàngchuáng	2.4
go to meet someone, to	yíngjiē	9.7
go to sleep, to	shuìjiào	2.4
go to the movies, to	kàn diànyǐng	14.3
go to the toilet, to	shàng cèsuǒ	2.5
go up, to	shàng	8.4
go up, to	shàngqu	16.1
graduate, to	bìyè	12.1
grammar	wénfǎ; yǔfǎ	13.1
grass	cǎo	1.7

Great Wall	(Wànlǐ) Chángchéng	3.2
green	lǜsè	6.5
green (Chinese) tea	lǜchá	5.8
grow, to	zhǎng	2.2
guest	kèrén	14.2

H

habit	xíguàn	2.11
hair (head)	tóufa	2.2
half	bàn(ge)	18.1
half a day	bàntiān	17.1
half a month	bàn'ge yuè	17.6
half-an-hour	bàn'ge zhōngtóu	17.11
half-past ...	... diǎn bàn (zhōng)	17.11
half year	bànnián	17.5
ham	huǒtuǐ	5.4
hand	shǒu	2.2
handsome	hǎokàn	15.7
handy	fāngbiàn	2.9
happy	gāoxìng; kuàilè	2.8
hard	nán	15.6
hard working	nǔlì	2.11; 10.7
hate, to	hèn	2.9
have, to	yǒu	15.1
have a bath / shower, to	xǐzǎo	2.5
have a cold, to	gǎnmào; zháoliáng	2.6
have a fever, to	fāshāo	2.6
have a party, to	kāi wǔhuì; qǐng kè	14.2
have arrived, to	dàole	9.7
have found, to	zhǎodào	16.1
have free time, to	yǒu kòng	14.3

have heard, to	tīngjiànle	2.10
have heard, to	tīngdào; tīngjiàn	13.2
have not heard	méitīngjiàn	2.10
have not seen	méikànjiàn	2.10
haven't seen you for ages	hǎo jiǔ bújiàn	4.1
have seen, to	kànjiànle	2.10
Have you eaten yet? (= "hello", said around mealtimes)	chīguole ma? chīguole méiyou?	4.1
he	tā	2.13
head	tóu	2.2
headache	tóuténg	2.6
headmaster	xiàozhǎng	12.3
heads of animals	tóu	1.8
healthy (for people)	shēntǐ hǎo	2.6
hear, to	tīng	2.10
hear but not understand, to	tīngbudǒng	2.10
heard, be	tīngdedào	13.2
heart	xīn	2.2
heavy	zhòng	18.3
hello	nín hǎo (formal); nǐ hǎo	4.1
hello	wèi	13.7
help, to	bāngmáng; bāngzhù	14.1
help yourself, to	zìjǐ lái	5.1
her	tā	2.13
here	zhèlǐ; zhèr	16.3
high	gāo	18.2
high school	zhōngxué	12.2
high school first year	zhōngxué yīniánjí	12.4
high school student	zhōngxuéshēng	12.3

highway	gōnglù	9.3
hill	(xiǎo)shān	1.2
him	tā	2.13
history	lìshǐ	12.5
hobby	àihào	14.3
hold a dinner party, to	qǐng chīfàn	14.2
hold a meeting, to	kāihuì	10.1
home	jiā	8.1
homework	kèwài zuòyè; jiātíng zuòyè	12.6
homework diary	zuòyè rìjì	12.6
Hong Kong	Xiānggǎng	3.4; 9.2
hope, to	xīwàng	2.8
horse	mǎ	1.9
horse race	sàimǎ	14.5
hospital	yīyuàn	2.7; 9.8
host	zhǔrén	14.2
hot	rè	1.5
hot (spicy)	là	5.9
hot drink	rè yǐn	5.8
hotel	lǚguǎn; (dà)fàndiàn; jiǔdiàn	9.7
hotel	jiǔdiàn	9.8
hot water	rèshuǐ	2.5
hour	xiǎoshí; zhōngtóu	17.11
house	fángzi	8.1
house U.M.	suǒ; dòng	8.1; 18.8
housewife	jiātíngzhǔfù; jiātíngfùnǚ	2.14
how	zěnme (yàng)	19.2
How are you?	nǐ/nín hǎo (ma)?	4.1; 4.4
How do you do?	nín hǎo (formal); nǐ hǎo	4.1
however	dànshì; kěshì	15.8; 19.3

How long? (time)	duō jiǔ	17.1; 18.4
How long (far)?	duō cháng (duō yuǎn)	18.4
How many?	duōshao	18.4
How many? (less than ten)	jǐ(ge)	18.4
How many subjects?	jǐménkè; jǐkē	12.5
How much?	duōshao	18.4
How much (does it cost)?	duōshao qián	7.3
How much money?	duōshao qián	18.4
How much (money)?	duōshao (qián)	19.2
how terrible	zāogāo	2.9
human-being	rén	2.1
hundred (100)	(yī) bǎi	18.1
hungry, be	è	5.1
hurry	gǎn kuài	17.1
hurry up, to	gǎn kuài	17.4
husband	zhàngfu; xiānsheng	2.12
husband or wife (P.R.C.)	àiren	2.12

I

I	wǒ	2.13
ice	bīng	5.8
icecream	bīngqílín	5.4
icy pole	bīngbàng; bīnggùnr	5.4
if	rúguǒ; yàoshì	19.3
I have troubled you	dǎjiǎo (nǐ) le; máfan nǐ le	4.2
immediately	lìkè; mǎshàng	17.1
immediately	jiù	19.3
important	zhòngyào	15.3
important	jǐnjí; yàojǐn	15.3

in	zài	19.4
in addition to that	háiyǒu; (lit.) cǐwài	19.3
in a moment	yīhuìr	17.1
in a short while	yīhuìr	17.1
incorrect	cuò; búduì	12.7
Indonesia	Yìndùníxīyà; Yìnní	9.2
industrious	nǔlì	10.7
industry	gōngyè	10.9
in fact	shízài; quèshí	19.3
influence	yǐngxiǎng	15.1
inform, to	gàosu	13.2
injured	shòushāng	1.4
injured, be	shòushāng	2.6
inn	lǚguǎn; (dà)fàndiàn; jiǔdiàn	9.7
in place of	(dài)tì	15.1
inside	lǐtou; lǐbian	16.3
inside	-lǐ; -zhōng; -nèi	16.5
institute	xuéyuàn	9.8
intelligent	cōngming	2.11
interested in, be	duì...yǒu xìngqù	2.9; 14.3
interesting	yǒu yìsi	2.9
international	guójì	10.11
interpreter	fānyì	2.14
in that way	nàme; nàyàng	16.2
in the future	jiānglái	17.1
in the holidays	fàngjià de shíhou	12.1
in the midst of ...ing	zhèngzài	17.1
in the past	guòqù; cóngqián	17.1
in this way	zhème; zhèyàng	16.2; 19.3
introduce, to	jièshào	4.4
introduce A to B, to	bǎ A jièshào gěi B	14.2
inverted commas	yǐnhào	11.2

invite, to	qǐng	13.2
invite, to	(yāo)qǐng	14.1; 14.2
invite someone to dinner, to	qǐngkè	5.1
irritating	tǎoyàn	2.8
is	shì	19.1
Is it all right ?	kěyǐ ma ?	4.2
Is it fine ?	kěyǐ ma ?	4.2
it	tā	2.13
Italy	Yìdàlì	9.2
it's nothing	méishénme	2.9
I will	hǎode	4.2

J

jacket	shàngyī	6.2
January	yīyuè	17.7
Japan	Rìběn	9.2
job	gōngzuò	10.7
joggers	qiúxié	6.3
jogging	pǎobù; mànpǎo	14.5
journalist	jìzhě	2.14
July	qīyuè	17.7
jumper	máoyī	6.2
June	liùyuè	17.7
junior school (years 7-9)	chūzhōng	12.2
just	gāngcái	17.1
just about	chàbuduō	18.6

K

kangaroo	dàishǔ	1.9
keen about	duì...yǒu xìngqù	14.3

key	yàoshi	8.5
kilogramme	gōngjīn	18.3
kilometre	gōnglǐ	18.2
kind	zhǒnglèi	15.1
kind of	zhǒng; lèi	18.8
kitchen	chúfáng	8.2
knife	dāo(zi)	5.11
knife and fork	dāochā	5.11
know, to	zhīdao	12.7
know about, to	zhīdao; xiǎode	2.10
know (from learning), to	huì	12.7
knowledge	zhīshi	12.7
know off by heart, to	néngbèi	12.7

L

labourer	gōngrén	2.14
lake	hú	1.3
lamb	yángròu	5.4
lamp	(diàn)dēng	8.5
language	yǔyán	13.1
large	dà	18.1
large animals (cows, pigs) U.M.	tóu; zhī	18.8
last month	shàng(ge) yuè	17.6
last one	zuìhòude (yíge)	17.2
last time, the	zuìhòu yícì	17.3
last week	shàng(ge) xīngqī	17.8
last year	qùnián	17.5
late, be	wǎn	17.1
late	wǎn	17.4
(three days) later	(sāntiān) yǐhòu	17.1

later on	yǐhòu	17.1
later on	ránhòu	19.3
laugh, to	xiào	2.8
laundry	xǐyījiān	8.2
law	fǎlǜ	10.4
lawn	cǎodì	8.4
lawyer	lǜshī	2.14
lazy	lǎn	2.11
lazy	lǎn(duò)	10.7
learn, to	xuéxí	12.7
leave, to	líkāi; zǒu	9.7; 16.1
leave (a place), to	líkāi	8.4
lecturer	jiǎngshī	2.14
left	zuǒ(bian)	16.3
left	-zuǒ	16.5
leg	tuǐ	2.2
legal studies	fǎlǜxué	12.5
lend, to	jiè	7.2
(to) lend (money) to	jiè(qián)gěi ...	10.10
lesson	kè	12.6
less than	... yǐxià	18.5
letter	xìn	13.6
letter of the alphabet	zìmǔ	13.1
letter U.M.	fēng	13.6; 18.8
library	túshūguǎn	9.8; 11.2
lift	diàntī	8.5
light	liàng	1.1
light	qiǎn(sè)	6.5
light	(diàn)dēng	8.5
light	qīng	18.3
light a fire, to	diǎn huǒ	8.6
like, to	xǐhuan	2.9; 14.3

line	...háng	11.2
(make out a) list	(kāi) dānzi	7.2
listen, to	tīng	2.10
listen to records / tapes, to	tīng chàngpiàn / lùyīndài	14.3
listen to the radio, to	tīng shōuyīnjī	14.3
literature	wénxué	11.2; 12.5
little	shǎo	18.5
little faster, a	kuài (yì)diǎr	17.4
little less, a	shǎo yìdiǎr	18.4
little more, a	duō yìdiǎr	18.4
little of, a	yīdiǎr	18.8
little (of), a	yìdiǎr; yìxiē	18.5
(a) little (some)	yīxiē	18.6
(a) little while ago	gāngcái	17.1
live in/at, to	zhù(zài)	8.4
living room	kètīng	8.2
location	dìfang	16.3
(a) lock	suǒ	8.5
long	cháng	6.1; 18.2
long objects U.M.	tiáo	18.8
(a) long time	bàntiān	17.1
(a) long time ago	hěnjiǔ yǐqián	17.1
look, to	kàn	2.10
look alike	xiàng	19.1
look for, to	zhǎo	16.1
look for work, to	zhǎo gōngzuò	10.7
loose change	língqián	7.3
lose, to	shū	14.4
lose weight, to	shòule	2.2
(a) lot more	duōdeduō	18.4
lounge room	kètīng	8.2

love	ài	2.9
loveable	kěài	2.9; 2.11; 15.7
low	dī	18.2
lower part, the	xiàtou; xiàbian	16.3
lower part	-xià	16.5
luggage	xíngli	9.7
lump of	kuài	18.8
lunch	zhōngfàn; wǔfàn	5.2

M

madam	nǚshì; fūren	2.15
made of...	...zuòde	6.1
magazine	zázhì	11.3
magazines U.M.	běn	18.8
mail, to	jì	13.6
make, to	zuò	15.1
make a mistake (in speaking), to	shuōcuò	13.2
make an appoint-ment, to	yuē	14.2
make a speech, to	jiǎnghuà	13.2
make friends, to	jiāo péngyou	14.1
Malaysia	Mǎláixīyà	9.2
man	nánrén; nánde; rén	2.1
manager	jīnglǐ	2.14; 10.10
many	hěnduō; xǔduō	18.7
map	dìtú	9.1
March	sānyuè	17.7
market	(cài)shìchǎng	7.1
marks	...fēn	12.8
married, be	jiéhūn	2.3
master, to	xuéhuì	12.7

matches	huǒchái	5.12
mathematics	shùxué	12.5
May	wǔyuè	17.7
may I ask	qǐngwèn; láojià	4.2
May I help you?	wǒ kěyǐ bāng (nǐde)máng ma?	4.2
may I introduce myself	ràng wǒ zìjǐ jièshào	14.2
may I trouble you to	máfan nǐ...	4.2
me	wǒ	2.13
meals U.M.	dùn; cān	5.1
meaning	yìsi	13.1
meat	ròu	5.4
medicine	yào	2.7
meet (each other), to	jiànmiàn	14.2
meeting	huì(yì)	10.1
memorize, to	jì(zhù)	12.7
menu	càidān	5.3
method	fāngfǎ	11.5
metre	gōngchǐ; mǐ	18.2
mid-day	zhōngwǔ	17.10
middle	zhōngjiān	16.3
(in the) middle of the night	bànyè	17.10
mid-night	wǔyè	17.10
milk	niúnǎi	5.8
mind	xīn	2.2
minutes	fēn	17.11
mirror	jìngzi	8.5
Miss	xiǎojie	2.15
mistake(s)	cuò(wù)	12.7

Monday	xīngqīyī; lǐbàiyī	17.9
money	qián	7.3
month	yuè	17.6
moon	yuè(liàng)	1.1
more and more ...	yuè lái yuè ...	19.3
more or less	chàbuduō ...	17.1
more than ...	bǐ ... duō	18.7
(the) more the better	yuèduō yuèhǎo	18.7
(the) more ... the more ...	yuè ... yuè ...	19.3
morning	zǎoshang; zǎochén	17.10
most	zuì	15.2
most	dàbùfèn	18.1
most probably	duōbàn	15.3
mother	mǔqin	2.12
(high) mountain	gāoshān; dàshān	1.2
mouth	kǒu; zuǐ(ba)	2.2
move, to	bān	16.1
move (house), to	bān(jiā)	8.4
movie	diànyǐng	11.9
movie theatre	diànyǐngyuàn	11.9
Mr	xiānsheng	2.15
Mrs	tàitai	2.15
much	hěnduō; xǔduō	18.7
mum	māma	2.12
music	yīnyuè	11.8
musician	yīnyuèjiā	2.14
my name is ...	wǒde míngzi jiào / shì ...	4.4
my surname is ...	wǒ xìng ...	4.4

N

near	jìn; fùjìn	18.2
nearby	pángbian	16.3
need, to	xūyào	15.3
need, a	xūyào	15.3
neighbourhood	fùjìn	9.2
(in this) neighbour- hood	zhè fùjìn	16.3
neighbours	línjū	8.4
nervous	jǐnzhāng	2.8; 15.3
never mind	méiguānxi	4.2
nevertheless	búguò	15.8
nevertheless	dànshì; kěshì	19.3
new	xīn	17.1
news	xīnwén	11.3; 11.4
newspaper	bào(zhǐ)	11.3
New Year	xīnnián	17.5
next month	xià(ge) yuè	17.6
next time	xiàcì	17.3
next week	xià(ge) xīngqī	17.8
next year	míngnián	17.5
nine (9)	jiǔ	18.1
nineteen (19)	shíjiǔ	18.1
ninety (90)	jiǔshí	18.1
no	bù	13.3
no (incorrect)	búduì	4.2
no more (not want- ing more)	búyàole	4.2
noodles	miàntiáo	5.7
noodles - fried	chǎomiàn	5.7
noon	zhōngwǔ	17.10
no problem	méiwèntí	4.2

north	běi(fāng)	16.4
Northern food	Běifāngcài	5.7
not as good as	bùrú...	15.2
not at all	nǎli(nǎli)	4.2
not at all	búyòng xiè	4.3
note book	bǐjìběn	13.5
note down, to	jìxià	13.4
not even a little	yìdiǎr yě méiyǒu	18.5
not only ... but also	búdàn ... érqiě	19.3
not very much (many)	bútàiduō	18.5
not yet	háiméi...	17.1
novels	xiǎoshuō	11.2
November	shíyīyuè	17.7
now	xiànzài	17.1
nowadays	xiànzài	17.1
no way	bùxíng	13.3
(house) number	hào	9.3
nurse	hùshi	2.7

O

obey, to	tīng	2.10
objects with flat surface	zhāng	18.8
objects with handles	bǎ	18.8
occasion	cì; huí; biàn	17.1; 17.3
occupation	zhíyè	2.14
o'clock	diǎn(zhōng)	17.11
October	shíyuè	17.7
of course	dāngrán	15.8
office	bàngōngshì	9.8; 10.7
often	cháng(cháng)	17.3

O.K.	xíng	13.3
O.K. fine	hǎode	4.2
old age	lǎonián	2.3
old (aged eg. people)	lǎo	17.1
old (followed by sur- name - used more in P.R.C.)	lǎo	2.15
old (objects)	jiù	17.1
old people	lǎorén	2.1
on account of	wèile	15.5
once again	zài yícì	17.3
once in a while	yǒushí	17.1
once more	zài yícì	17.3
once upon a time	cóngqián	17.1
one (1)	yī	18.1
one day	yì tiān	17.8
one month	yíge yuè	17.6
one (of) ...	yíge ...	18.1
oneself	zìjǐ	2.13
on summer holiday,be	fàng shǔjià	12.1
on time, be	zhǔnshí	17.1
on winter holiday, be	fàng hánjià	12.1
open (door or win- dow), to	kāi	8.4
opinion	yìjiàn	10.3
opportunity	jīhuì	15.1
opposite	duìmiàn	16.3
opposite side	duìmiàn	16.4
or	huòzhě	19.3
or (used in forming a choice type question)	háishì	19.3

orange	chéngzi; júzi	5.5
orangeade	júzishuǐ	5.8
orange drink	júzishuǐ	5.8
orange juice	júzizhī; júzishuǐ	5.8
orchestra	(guǎnxián) yuèduì	11.8
order food, to	diǎn cài; jiào cài	5.3
order (from shop), to	dìng	15.4
other	qítāde	15.2
other day, the	nèitiān	17.1; 17.8
other person(s)	biérén; rénjia	2.13
others	qítāde	15.2
otherwise	yàoburán	19.3
ought to	yīngdāng; yīnggāi	2.9
out of order	huàile	8.9
outside	wàitou; wàibian	16.3
outside	-wài	16.5
overcast	yīn(tiān)	1.5
overcoat	dàyī	6.2
own, to	yǒu	15.1

P

packet	bāoguǒ	13.6
packet of	bāo	18.8
page	...yè	11.2
page of	yè	18.8
pain	tòng; téng	2.6
paint, to	huàhuàr	14.3
painter	huàjiā	11.7
painting	huà(r)	11.7
pair of	duì; shuāng	18.8
pair of (shoes etc.)	shuāng	6.3
panda	xióngmāo	1.9

paper	zhǐ	13.5
paper U.M.	zhāng	18.8
parcel	bāoguǒ	13.6
parents	fùmǔ; bàbamāma (informal)	2.12
park	gōngyuán	9.8
park at, to	tíngzài	9.5
part, to	fēnbié	14.1
part	-bù	16.5
participate, to	cānjiā	10.1
parts of	(bù)fèn	18.1
pass an exam, to	jígé	12.8
patient	bìngrén	2.7
pay, to	fùqián	7.2
Peking duck	Běijīng kǎoyā	5.7
pen	bǐ; gāngbǐ	13.5
pencil	qiānbǐ	13.5
pencil case	bǐdài; bǐhé	13.5
pencils U.M.	zhī (literally 'branch')	18.8
pens U.M.	zhī (literally 'branch')	18.8
perhaps	yěxǔ	15.8
persons U.M. (polite form)	wèi	18.8
petrol station	qìyóuzhàn; jiāyóuzhàn	9.5
photograph, to	gēn...zhàoxiàng; shèyǐng	14.3
physical education	tǐyù	12.5
physician	yīshēng; dàifu	2.7
physics	wùlǐ	12.5
pick up (object), to	náqǐ ... lai	16.1
pictorial	huàbào	11.3
picture theatre	diànyǐngyuàn	9.8
piece of	kuài	18.8
pig	zhū	1.9

place, to	fàng(xia)	16.1
place, to	fàng	16.1
place	dìfang	16.3
plant, to	zhòng	1.7
plate	pán(zi)	5.11
plate of	pán	18.8
play, to	wánr	14.3
play a ball game, to	dǎ qiú	14.4
play an instrument, to	wán yuèqì	14.3
play cards, to	dǎ(pūkè)pái	14.3
player	duìyuán	14.4
playground	yùndòngchǎng	12.6
play (hit or strike), to	dǎ	14.5
playing field	yùndòngchǎng	14.4
play (kick), to	tī	14.5
play the host, to	qǐngkè	5.1
please	qǐng	4.3
Please come in!	qǐng jìn	4.2
please go slowly (with care)	(qǐng) màn(màn) zǒu	4.5
plenty of	hěnduō; xǔduō	18.7
plump	pàng	2.2
pluralizing suffix for human nouns and pronouns	-men	19.6
plus	jiā	18.1
P.M.	xiàwǔ	17.10
points	fēn	14.4
police	jǐngchá	10.5
police(wo)man	jǐngchá	2.14
politics	zhèngzhì	12.5

poor	qióng	10.2
population	rénkǒu	9.1
pork	zhūròu	5.4
postage stamp	yóupiào	13.6
post card	míngxìnpiàn	13.6
post card U.M.	zhāng	13.6
post office	yóujú	7.1
post office	yóu(zhèng)jú	9.8; 13.6
pot	guō	5.11
practice, a	liànxí	12.7
practise, to	liànxí	11.8; 12.7; 14.4
prefix for ordinal number (ranking)	dì-	19.7
prefixes for certain nouns (including surname and personal name)	ā-; xiǎo-; lǎo-	19.7
prepare, to	zhǔnbèi; yùbèi	9.7
prepare a meal, to	zuòfàn; zuòcài; nòng (colloquial)	5.10
present (gift)	lǐwù; lǐpǐn	4.3
present, be	dào	12.6
previously	yǐqián	17.1
previous time	shàngcì	17.3
price	jiàqián	7.3
primary grade one	xiǎoxué yīniánjí	12.4
primary school	xiǎoxué	9.8; 12.2
primary school student	xiǎoxuéshēng	12.3
probably	dàgài	18.4
problem	wèntí	10.2
profession	zhíyè	2.14

professor	jiàoshòu	2.14; 12.3
programme	jiémù	11.4
progress	jìnbù	10.2
pronunciation	fāyīn	13.1
province	shěng	3.4; 9.2
pub	jiǔguǎnr	5.3
pub	jiǔdiàn	9.8
public convenience	cìsuǒ; cèsuǒ	9.8
public telephone	gōngyòng diànhuà	13.7
pullover	máoyī	6.2
pupil	xuéshēng	12.3
pure (eg. maths)	chún-	12.5
purse	qiánbāo	6.3; 7.2
push bike	zìxíngchē	9.5
put, to	fàng	16.1
put down, to	fàng(xia)	16.1
put in order, to	shōushi	8.7
put on weight, to	pàngle	2.2

Q

(a) quarter	sìfēn zhī yī; yīkè zhōng (15 minutes)	18.1
quarter-hour	yíkè zhōng	17.11
question	wèntí	12.8
question mark	wènhào	11.2
question particle (simple questions)	ma (rising intonation vs. falling intonation as final particle)	19.5
quilt	bèizi	8.3

R

radio	shōuyīnjī	11.4
rain	yǔ	1.5
rain, to	xiàyǔ	1.5
raincoat	yǔyī	6.2
rapid	kuài	17.4
rarely	bùcháng	17.3
rather	hěn	15.3
rather	xiāngdāng	18.6
read, to	kàn	2.10
read, to	dú	13.4
read aloud, to	niàn	13.4
read but not under- stand, to	kànbudǒng	2.10
read magazines, to	kàn zázhì	14.3
read newspapers, to	kàn bào	14.3
read novels, to	kàn xiǎoshuō	14.3
read (silently), to	kàn	13.4
real	zhēnde	15.8
rear	hòutou; hòubian	16.3
rear	-hòu	16.5
reason why	yuángù	15.5
received	jiēdào; shōudào	15.4
recently	jìnlái; zuìjìn	17.1
recollect, to	huíyì	12.7
record	chàngpiàn	11.4
record player	diànchàngjī	11.4
red	hóngsè	6.5
refrigerator	bīngxiāng	8.6
relation(ship)	guānxi	15.1
relieved, be	fàngxīn	2.8
religion	zōngjiào	11.6

remove, to	ná kāi	16.1
repair, to	xiūlǐ	8.9
request, to	qǐng	13.2
research	yánjiù; yánjiū	12.7
resemble, to	xiàng	15.2
rest, to	xiūxi	14.3
restaurant	fànguǎnr; guǎnzi; jiǔjiā	5.3
restaurant	fànguǎn	9.8
result	jiéguǒ	12.8
retired	tuìxiū	2.14
return something borrowed, to	huán ...	15.4
review, to	fùxí	12.7
review, a	fùxí	12.7
rice	mǐ; fàn; mǐfàn; dàozi	10.8
rice (cooked)	(mǐ)fàn	5.7
rice (fried)	chǎofàn	5.7
rice (plain)	báifàn	5.7
rich	yǒu qián	10.2
ride (astride), to	qí	9.5
ride on, to	zuò	9.5
ride on horseback, to	qímǎ	14.5
right	duì	12.7
right	yòu(bian)	16.3
right	-yòu	16.5
right now	zhèngzài	17.1
river	hé	1.3
road	lù; mǎlù	9.3
roads U.M.	tiáo	18.8
roast, to	kǎo	5.10
roast duck	kǎoyā	5.7
romanization	pīnyīn	13.1
room	wūzi; fángjiān	8.2

room (in a hotel)	fángjiān	8.2
room(s) U.M.	jiān	8.2; 18.8
rowing	huáchuán	14.5
row of	pái	18.8
rug	dìtǎn	8.5
run, to	pǎo	1.8; 14.4
running shoes	qiúxié	6.3
Russia	Éguó; Sūlián	9.2

S

sad (hard to bear)	nánguo	2.8
salesperson	shòuhuòyuán	7.2
same	yíyàng	15.2
sand shoes	qiúxié	6.3
sandwich	sānmíngzhì	5.4
sated, be	bǎo	5.1
Saturday	xīngqīliù	17.9
saucepan	guō	5.11
saw	kànjiànle	2.10
say, to	shuō; jiǎng	13.2
scenery	fēngjǐng	9.7
school	xuéxiào	9.8; 12.2
school boarder	zhùxiàoshēng	12.2
school term	xuéqí; xuéqī	12.1
science	kēxué	11.5
science (subjects)	lǐkē	12.5
scientific	kēxué(de)	11.5
scientist	kēxuéjiā	2.14; 11.5
score	fēn	14.4
sea	hǎi	1.3; 9.4
seashore	hǎibiān; hǎibīn	1.3
season	jì; jìjié	1.6

season	jì	17.6
secondary school	zhōngxué	9.8
second (day of the month)	èrhào	17.9
seconds	miǎo	17.11
second tone	dìèr shēng	3.3
second year	èrniánjí	12.4
section	-bù	16.5
seem as if, to	hǎoxiàng	15.2
see someone off, to	sòng	9.7
see you again	zàijiàn	4.5
see you soon	yīhuìr jiàn	4.5
see you tomorrow	míngtiān jiàn	4.5
seldom	bùcháng	17.3
sell, to	mài	7.2
semi-colon	fēnhào	11.2
send, to	jì	13.6
send back (object), to	sòng huíqu	16.1
senior school (years 10-12)	gāozhōng	12.2
sentence	jùzi	11.2
sentences U.M.	jù	18.8
September	jiǔyuè	17.7
serious	rènzhēn	2.11
set off, to	chūfā	9.7
seven (7)	qī	18.1
several	jǐ	18.1
several	jǐ(ge)	18.5
shampoo one's hair, to	xǐtóu	2.5
share, to	fēnxiǎng	18.1

shares	(bù)fèn	18.1
she	tā	2.13
sheep	yáng	1.9
shift, to	bān	16.1
ship	chuán	9.5
shirt	chènshān; chènyī	6.2
shoes	xiézi	6.3
shop, to	mǎidōngxi	7.2
shop	shāngdiàn; ...diàn	9.8
shops	shāngdiàn	7.1
short	ǎi	2.2
short	duǎn	6.1; 18.2
short (stature)	ǎi	18.2
sick, be	yǒubìng; bìngle	2.6
side	pángbian	16.3
side	-páng; -biān	16.5
significant	zhòngyào	15.3
simple	jiǎndān	15.6
simplified characters	jiǎntǐzì	3.3
sing, to	chànggē	14.3
sing (a song), to	chàng (gē)	11.8
sister (older)	jiějie	2.12
sisters (general - younger and older)	jiěmèi	2.12
sister (younger)	mèimei	2.12
sit (for exams), to	cānjiā kǎoshì	12.8
six (6)	liù	18.1
sixth year	liùniánjí	12.4
size	dàxiǎo	18.1
size (number)	... hào	18.1
skinny	shòu	2.2
skirt	qúnzi	6.2

sky	tiān(kōng)	1.1
slow	màn	17.1; 17.4
slowly	mànmànde	17.4
small	xiǎo	18.1
small animals U.M.	zhī	1.8
small change	língqián	7.3
smart	piàoliang	6.1
smoke, to	chōuyān; xīyān	5.12
snackbar	xiǎochīdiàn	9.8
snacks	diǎnxīn	5.1
snow	xuě	1.5
snow, to	xiàxuě	1.5
snow ski	huáxuě	14.5
soap	féizào	2.5
soap	féizào; xiāngzào	8.7
soccer	zúqiú	14.5
social science	shèhuì kēxué	12.5
society	shèhuì	10.1
socks	wà(zi)	6.2
sofa	shāfā	8.3
soft drink (aerated)	qìshuǐ	5.8
sold out	màiwánle	7.2
some (of)	yǒuxiē	18.5
sometimes	yǒu(de) shíhou	17.1; 17.3
son	érzi	2.12
sorry!	duìbuqǐ	4.3
so-so	mǎmǎhūhū	4.2
so that	suǒyǐ	15.5
sound	shēngyīn	13.2
soup	tāng	5.4
south	nán(fāng)	16.4
South-East Asia	Dōngnányà	9.2

Southern food	Nánfāngcài	5.7
Soviet Union	Éguó; Sūlián	9.2
soy sauce	jiàngyóu	5.4
speak, to	shuōhuà	13.2
special(ly)	tèbié	15.3
speech	huà	13.1
spell, to	pīn	13.1
spoon	sháo(zi)	5.11
sport	yùndòng	14.4
sportsground	yùndòngchǎng	12.6
spring	chūntiān	1.6
spring	chūntiān; chūnjì	17.6
staffer	zhíyuán	2.14
stairs	lóutī	8.5
Standard Chinese (Mandarin)	pǔtōnghuà; guóyǔ; hànyǔ	3.3; 13.1
stand up, to	qǐlai	16.1
star	xīng(xing)	1.1
start	kāishǐ	17.1
start, to	kāishǐ	17.2
start soon, to	kuài(yào) kāishǐ	17.2
State	Zhōu	9.2
station	huǒchēzhàn	9.8
steal, to	tōu	10.5
still	búguò	15.8
stir fry, to	chǎo	5.10
stockings	chángwà(zi)	6.2
stop, to	tíng	9.5; 9.6
stop	tíngzhǐ	17.1; 17.2
stop (bus, tram, etc.)	chēzhàn	9.5
story telling	jiǎng gùshì	13.2
straight	yìzhí(de)	16.4

street	jiē	9.3
student	xuéshēng	12.3
student studying abroad	liúxuéshēng	12.1
study (room)	shūfáng	8.2
study, to	xuéxí	12.7
study, to	yánjiù; yánjiū	12.7
study abroad, to	liúxué	12.1
(a) study of	yánjiù; yánjiū	12.7
stupid	bèn	2.11
subject	kē(mù)	12.5
subjects of study U.M.	mén	18.8
subjects U.M.	mén (used with kè)	12.5
subordinating particle (used to indicate possession or descriptive function)	de	19.5
subsequently	hòulái	17.1
substitute	(dài)tì	15.1
suburb	jiāoqū	9.2
suddenly	hūrán	17.4
sufficient	gòu	18.6
suffixes indicating accomplishment	-dao; -zhao	19.6
suffix indicating perfective aspect or new situation	-le	19.6
suffix indicating progressive aspect	-zhe	19.6
sugar	táng; tángguǒ	5.4

suitable	héshì	15.1
summer	xiàtiān	1.6
summer	xiàtiān; xiàjì	17.6
sun	tàiyáng	1.1
Sunday	xīngqītiān; xīngqīrì	17.9
surname	xìng	2.12
surnamed, be	xìng	19.1
sweater	máoyī	6.2
sweets	táng; tángguǒ	5.4
swim, to	yóuyǒng	14.4
swimming	yóuyǒng	14.5
swimming costume	yóuyǒngyī	14.4
swimming pool	yóuyǒngchí	14.4
switch, a	kāiguān	8.5
switch off, to	guān	11.4
switch off (light, power, etc.), to	guān	8.4
switch on, to	kāi	11.4
switch on (light, power, etc.), to	kāi	8.4

T

table	zhuōzi	8.3
table tennis	pīngpāngqiú	14.5
take a holiday, to	xiūjià	12.1
take an interest in, to	xǐhuan	14.3
take a seat	zuò ba; qǐng zuò	4.2
take a walk, to	sànbù	14.3
take away, to	ná zǒu	15.4; 16.1
take hold of, to	ná; zhuā	15.4
take medicine, to	chī yào	2.7

take off, to	ná kāi	16.1
take or use (time), to	yòng; huā	17.1
take out, to	ná chūlai	16.1
tall	gāo	2.2; 18.2
tape	lùyīndài; cídài	11.4
tape, to	lùyīn	11.4
tape recorder	lùyīnjī	11.4
tasty	hǎochī	5.9
taxi	chūzūqìchē; jìchéngchē	9.5
tea	chá	5.8
teach, to	jiāo	12.7
teacher	lǎoshī; jiàoshī; jiàoyuán	2.14
teacher	lǎoshī; jiàoshī	12.3
teacup	chábēi	5.11
team	duì	14.4
team member	duìyuán	14.4
team of	duì; zǔ	18.8
technical school	zhíyè xuéxiào	12.2
telegram	diànbào	13.7
telephone	diànhuà	13.7
telephone, to	dǎ diànhuà	13.7
telephone number	diànhuà hàomǎ	13.7
television (set)	diànshì(jī)	11.4
tell, to	gàosu	13.2
temperature	wēndù	1.5
ten cent unit	jiǎo; máo (used in conversation)	7.3
tennis	wǎngqiú	14.5
ten (10)	shí	18.1
tense	jǐnzhāng	15.3
tenth (day of the month)	shíhào	17.9

ten thousand	(yī) wàn	18.1
tertiary college	xuéyuàn	12.2
test	xiǎokǎo	12.8
text book	kèběn	12.6
thank, to	xièxie	4.3
thanks	xièxie	4.2; 4.3
thank you	xièxie nǐ/nín	4.2
that	nà; nèi	16.2
that day	nèitiān	17.8
that (one)	nàge; nèige	16.2
that place	nàli; nàr	16.3
that's all right	méishénme	2.9
that's all right	méiguānxi	4.2
that side	nàbiān	16.3
that's right	duì(le)	13.3
them	tāmen	2.13
then	jiù	19.3
then	yúshì	19.3
then	nàme; nème	19.3
there	nàli; nàr	16.3
there are	yǒu	13.3; 15.1
there are not	méiyǒu	13.3
therefore	suǒyǐ	15.5; 19.3
therefore	yúshì	19.3
there is	yǒu	13.3; 15.1
there is not	méiyǒu	13.3
these	zhèxiē	16.2
these days	zhèxiē tiān	17.1; 17.8
they	tāmen	2.13
thick (dimension)	hòu	18.1
thin	shòu	2.2
thin (dimension)	báo	18.1

thing	dōngxi	15.1
think, to	xiǎng	2.10
thin (not fat)	shòu	18.1
thin slice of	piàn	18.8
third (day of the month)	sānhào	17.9
third tone	dìsān shēng	3.3
third year	sānniánjí	12.4
thirsty	kě	5.1; 5.8
thirtieth (day of the month)	sānshíhào	17.9
thirty-first (day of the month)	sānshíyīhào	17.9
thirty-one days	sānshíyī tiān	17.8
this	zhè; zhèi	16.2
this kind (of)	zhèzhǒng; zhèyàng	16.2
this month	zhège yuè	17.6
this morning	jīntiān zǎoshang	17.10
this (one)	zhège; zhèige	16.2
this place	zhèlǐ; zhèr	16.3
this side	zhèbiān	16.3
this time	zhècì; zhèhuí	17.1
this week	zhège xīngqī	17.8
this year	jīnnián	17.5
those	nàxiē	16.2
thousand (1,000)	(yī) qiān	18.1
three (3)	sān	18.1
Thursday	xīngqīsì	17.9
ticket seller	shòupiàoyuán	2.14
tidy up, to	shōushi	8.7
till now	zhídào xiànzài	17.1
till then	zhídào nàshí	17.1

time	shíhòu; shíjiān	17.1
time(s)	cì; huí; biàn	17.1; 17.3
timetable	shíjiānbiǎo	12.6
tired	lèi	2.4
(go) to	shàng	19.4
to	dào	19.4
today	jīntiān	17.8
together with	gēn	14.1
toilet	cèsuǒ; cìsuǒ	8.2; 8.5; 9.8
toilet paper	cǎozhǐ; wèishēngzhǐ	2.5; 8.5
tomorrow	míngtiān	17.8
tone	shēng(diào)	3.3
too	tài	18.7
too bad	zāogāo	2.9
too much	tàiduō	18.7
topic	tímù	12.8
toward	xiàng; wàng	16.4
toward	xiàng; cháo	19.4
towel	máojīn	2.5; 8.7
tracksuit	yùndòngyī	6.2
trade	màoyì	10.10
train	huǒchē	9.5
tram	diànchē	9.5
translator	fānyì	2.14
travel, to	lǚxíng	9.7
traveller	lǚkè	9.7
tree	shù	1.7
trees U.M.	kē	1.7; 18.8
trouble	máfan	2.9
trousers	(cháng)kùzi	6.2
trousers U.M.	tiáo	6.2
tuckshop	xiǎochīdiàn	5.3

Tuesday	xīngqīèr	17.9
turn corners, to	guǎi; zhuǎn	16.1
turn left, to	guǎi zuǒ; wàng zuǒ zhuǎn	16.1
turn right, to	guǎi yòu; wàng yòu zhuǎn	16.1
turn to the ..., to	wǎng ... zhuǎn	16.1
twelfth month (lunar)	làyuè; shíeryuè	17.7
twentieth (day of the month)	èrshíhào	17.9
two (2)	èr	18.1
two days	liǎng tiān	17.8
type	zhǒnglèi	15.1
typewriter	dǎzìjī	13.5

U

ugly	nánkàn	6.1; 15.7
umbrella	(yǔ)sǎn	6.3
unable to eat (any more)	chībuxià	5.1
unable to find	zhǎobúdào	16.1
unable to get to sleep	shuìbuzháo	2.4
unable to hear	tīngbujiàn	2.10
unable to hear clearly	tīngbuqīngchu	2.10
unable to see (vision blocked)	kànbujiàn	2.10
uncomfortable	bùshūfu	2.6
under	... yǐxià	18.5
understand, to	dǒng	2.10
unexpected	méixiǎngdào	2.8
unimportant	méiguānxi	2.9
uninteresting	méi yìsi	2.9
university	dàxué	9.8; 12.2
university first year	dàxué yīniánjí	12.4

university student	dàxuéshēng	12.3
unwell	bùshūfu	2.6
upon this	zhèyàng	19.3
(the) upper part	shàngtou; shàngbian	16.3
upper part	-shàng	16.5
upstairs	lóushàng	8.5
urgent	jǐnjí; yàojǐn	15.3
us	wǒmen	2.13
U.S.A.	Měiguó	9.2
use, to	yòng	8.9
used	jiù	17.1
useful	yǒuyòng	15.1
usually	píngcháng	17.3

V

vegetables	qīngcài; shūcài	5.6
vehicle	qìchē; chēzi	9.5
vehicles U.M.	liàng; bù	18.8
verb indicating completion of action	(…) wánle; (…) hǎole	17.2
verb suffix indicating action has been experienced	-guo	19.6
very	hěn	15.3
Victoria (Melbourne)	Wéiduōlìyà (Mòěrběn)	9.2
Vietnam	Yuènán	9.2
visible	kàndejiàn	2.10
visit (friends), to	kàn	14.2
voice	shēngyīn	13.2
volleyball	páiqiú	14.5

W

wait a moment	děngyixià; děng(yi)děng	4.2
wait a moment	děng yīhuìr / xià	17.1
waiter	fúwùyuán	5.3
wake up, to	xǐng	2.4
walk, to	zǒu(lù)	16.1
wallet	qiánbāo	6.3
warm	nuǎn(huo)	1.5
was	shì	19.1
wash, to	xǐ	2.5
wash clothes, to	xǐ yīfu	8.7
washing machine	xǐyījī	8.7
wash one's face, to	xǐliǎn	2.5
wash the car, to	xǐchē	8.4
wash the dishes, to	xǐ wǎn	8.7
watch, to	kàn	2.10
watch	(shǒu)biǎo	6.3
watch television, to	kàn diànshì	14.3
water	shuǐ	1.3
water ski	huáshuǐ	14.5
we	wǒmen	2.13
wear (hats, access- ories, jewellery), to	dài	6.1
wear (skirts, pants, socks), to	chuān	6.1
weather	tiānqì	1.5
Wednesday	xīngqīsān	17.9
week	xīngqī; lǐbài	17.8
week-end	zhōumò	17.9
welcome	huānyíng	4.4
well	hǎo	2.9
well	nàme; nème	19.3

well again, be	hǎole	2.6
well known	yǒumíng(de)	11.1
were	shì	19.1
west	xī(fāng)	16.4
Western food	xīcān	5.1
Western painting	Xīyánghuà	11.7
what	shénme	19.2
what age	duō dà; duōshao suì	19.2
What happened?	zěnme huí shì?	4.2
What is the time?	jǐdiǎn zhōng?	17.11
What is your given (first) name?	nǐ jiào shénme (míngzi)?	4.4
What is your surname?	nín guìxìng (formal); nǐ xìng shénme?	4.4
when (what time ?)	shénme shíhou	17.1; 19.2
where	nǎli; nǎr	16.3
where	(zài) nǎr; nǎli	19.2
which day ?	něitiān	17.1
which (one)	nǎge; něige	16.2
which (one)	nǎ; nǎge	19.2
which (ones)	nǎxiē	16.2
which place	nǎli; nǎr	16.3
which subject ?	něiménkè; něikē	12.5
which tone ?	dìjǐshēng	3.3
while (during)	... de shíhou	17.1
white	báisè	6.5
who	shéi; shuí	2.13; 19.2
(the) whole night	yíyè; zhěngyè	17.10
whom	shéi; shuí	2.13
whose	shéide; shuíde	19.2
why (?)	wèishénme	15.5; 19.2
wife	qīzi; tàitai	2.12
win, to	yíng	14.4

wind	fēng	1.5
window	chuānghu	8.5
windy	guāfēng	1.5
wine	jiǔ	5.8
winter	dōngtiān	1.6
winter	dōngtiān; dōngjì	17.6
wish, to	xīwàng	2.8
(together) with	gēn; hé	19.4
with (a tool)	yòng	19.4
with ice	bīng	5.8
wok	guō	5.11
woman	nǚrén; nǚde	2.1
wonderful	hǎo jíle	2.9
won't do	bùxíng	13.3
word	zì; Hànzì	13.1
work	gōngzuò	10.7
work, to	zuò shì; gōngzuò	10.7
worker	gōngrén	2.14
world	shìjiè	9.1
worried	fánnǎo; zháojí	2.8
wrap, to	bāoqilai	7.2
wrap, to	bāo	13.6
write, to	xiě	13.4
write a letter, to	xiě xìn	13.4
wrong	cuò; búduì	12.7

Y

Yangtze River	Chángjiāng; Yángzǐjiāng	3.4
year	nián	17.5
(the) year after next	hòunián	17.5
(the) year before last	qiánnián	17.5
years of age	suì	17.5; 18.8

yellow	huángsè	6.5
Yellow River	Huánghé	3.4
yes	shì(de)	13.3
yes; that's right	duì(le)	13.3
yes (correct)	duì; duìle	4.2
yesterday	zuótiān	17.8
you are too kind	nǐ tài kèqi(le) (lit. too polite)	4.3
you flatter me!	nǎli(nǎli)	4.2
young	niánqīng	2.3
young (followed by surname used more in P.R.C.)	xiǎo	2.15
you (plural)	nǐmen	2.13
you (singular)	nǐ	2.13
you (singular - polite form)	nín	2.13
Yumcha (eat snacks Cantonese style)	yǐnchá	5.7

Z

zero	líng	18.1
zoo	dòngwùyuán	1.8